Les Œufs

michel roux

GRÜND

Photographies de Martin Brigdale

michel roux

Les Œufs

Je remercie mon fils Alain Roux, et Chris Lelliott, mon premier sous-chef au Waterside Inn. Chris m'a assisté dans la préparation des plats photographiés avec une parfaite expertise.

Les mesures données en cuillerées concernent des cuillerées rases, sauf indication contraire, 1 cuil. à café = 0,5 cl, 1 cuil. à soupe = 1,5 cl

N'utilisez que des herbes fraîches sauf si une recette particulière spécifie des herbes sèches.

Pour assaisonner utilisez du sel de mer et du poivre noir du moulin, sauf autre indication.

Les œufs de ferme sont recommandés. La grosseur des œufs n'est indiquée que si cela est nécessaire. Dans le cas contraire, utilisez des œufs moyens biologiques ou de poules élevées en plein air. Les personnes de santé délicate ou âgées ainsi que les femmes enceintes doivent éviter des recettes contenant de la viande crue ou des œufs peu cuits.

Les temps de cuisson sont donnés pour des fours à chaleur tournante. Si vous utilisez un four traditionnel, augmentez la température de 10 à 15 °C et utilisez un thermomètre de four pour vérifier la température.

Secrétariat d'édition : Émilie Collet

ISBN 2-7000-1257-7
Dépôt légal : août 2005
PAO : Tifinagh
Imprimé à Hong Kong

GARANTIE DE L'ÉDITEUR
Malgré tous les soins apportés à la fabrication, il est malheureusement possible que cet ouvrage comporte un défaut d'impression ou de façonnage. Dans ce cas, il vous sera échangé sans frais. Veuillez à cet effet le rapporter au libraire qui vous l'a vendu ou nous écrire à l'adresse ci-dessous en nous précisant la nature du défaut constaté. Dans l'un ou l'autre cas, il sera immédiatement fait droit à votre réclamation.
Éditions Gründ – 60, rue Mazarine – 75006 Paris

Introduction

L'œuf a toujours capté mon regard, avec sa forme ovale plus ou moins allongée, sa ligne si pure, la teinte de sa coquille allant du blanc cru à une couleur noisette clair... Placé dans la paume de ma main, il représente pour moi l'image de l'univers, et il éveille et accentue mon respect de la vie.

J'avais à peine trois ans lorsque je me précipitais dès que notre poule Julie chantait pour annoncer qu'elle venait de pondre. J'allais ramasser délicatement son œuf ; il était tiède et je m'empressais de le rapporter à ma mère. Maman le déposait dans un saladier qui, l'été, se remplissait en moins d'une semaine. Toutefois, l'hiver, Julie ne pondait qu'un ou deux œufs la semaine, mais nous l'aimions tout autant !

L'œuf appartient, tout comme le pain, à la catégorie des denrées alimentaires de base : il est indispensable. Il est sans doute mon plus fidèle compagnon puisque je l'ai découvert professionnellement à mes débuts en pâtisserie dès l'âge de 14 ans, puis en cuisine. C'est pourquoi il n'a plus de secrets pour moi.

Ce sont plus de 130 recettes et idées que j'ai choisi de partager avec vous. Certaines sont classiques, d'autres plus modernes et créatives, mais mon style et ma maîtrise acquise depuis de nombreuses années y sont toujours présents.

J'ai pensé logique de diviser mon ouvrage en chapitres bien distincts. Les six premiers chapitres traitent les œufs sous des formes de techniques et de cuissons différentes et dans ces recettes l'œuf trône en tant qu'œuf accommodé en omelettes, œufs brouillés, en cocotte, pochés, etc. Les sept autres chapitres offrent des recettes de hors-d'œuvre, de desserts où l'œuf, bien que n'étant pas l'ingrédient principal, est essentiel car sans lui ces mets ne pourraient pas exister : les soufflés, les crèmes, les mousses, les glaces, les meringues et les biscuits, etc.

Les différentes variétés d'œufs

L'œuf de poule C'est le plus commun et le plus consommé dans le monde. C'est la raison pour laquelle nous le désignons simplement sous le nom de « l'œuf », alors que pour les autres œufs, il sera toujours précisé de quel volatile il provient. Son poids varie entre moins de 53 g pour un petit œuf, 53 g à 62 g pour un œuf moyen, 63 g à 72 g pour un œuf gros et plus de 73 g pour un très gros œuf. L'œuf est constitué d'une partie non consommable, la coquille, qui pèse environ 9 g, et d'une partie comestible qui pour un œuf moyen est composée de 33 g de blanc et de 20 g de jaune environ.

L'œuf de poule naine Il pèse entre 30 g et 40 g. Il provient de poules naturellement naines, qui sont moitié moins grosses que les poules normales. Leurs œufs ont les mêmes qualités que ceux de poules. Plus petits, ils sont parfaits pour les bébés ou pour un repas où l'on désire que l'œuf reste discret...

L'œuf de cane Il pèse entre 85 g et 95 g. Il contient un peu plus de graisse que les œufs de poule. C'est l'œuf qui a le plus de saveur, consommé à la coque, en omelette, en œuf brouillé et pour les desserts.

L'œuf d'oie Il pèse entre 180 g et 200 g. Sa coquille est très dure et d'un blanc crayeux. D'une saveur plus prononcée que celle des œufs de poule, je l'utilise cuit dur et coupé en rouelles, nappé d'une sauce à la tomate ou au fromage, puis mis à chauffer pendant quelques minutes au four avant de le servir. Je l'utilise aussi parfois dans la composition de mes quiches ou de flamiche aux poireaux.

L'œuf de pigeon Il pèse environ 15 g. Il est plaisant, sans plus... et je préfère le pigeon à son œuf!

L'œuf de caille Il pèse entre 15 g et 20 g. On peut lui appliquer les mêmes cuissons que pour l'œuf de poule. Parfait en amuse bouche, il faut éviter de trop le cuire pour bien le savourer, même dur.

L'œuf d'autruche Il pèse entre 500 g et 600 g. Il m'est arrivé de l'utiliser pour étonner et amuser des amis à qui j'avais fait le défi de nourrir 6 personnes avec un œuf. Il peut être consommé en omelette ou utilisé en pâtisserie. Sa coquille est épaisse et très dure à casser. De saveur forte, il a besoin d'un apport de fines herbes, ou de fromages afin d'atténuer son goût prononcé.

L'œuf de mouette Ce n'est que pendant la période allant de la fin avril à la mi-mai et principalement en Angleterre qu'on le consomme. Je l'aime beaucoup. Sa saveur est délicieuse et il sera encore meilleur cuit dur tendre, c'est-à-dire moelleux à cœur, servi avec un sel de céleri ou du paprika doux et du pain bis beurré, à l'apéritif ou en hors-d'œuvre. Il n'est pas bon marché mais il justifie son coût.

D'autres variétés d'œufs sont moins courantes mais également consommables, pour ne citer que :

L'œuf de pintade qui pèse environ 30 g. Il est délicat et parfait pour de petits hors-d'œuvre ou dans les salades.

L'œuf d'émeu. Il pèse de 350 g à 450 g. Il est surtout répandu en Australie. Il est préférable de le préparer en œuf brouillé, mais on peut aussi l'utiliser dans la pâtisserie.

La majorité des œufs d'oiseaux sauvages sont protégés par des législations interdisant de les ramasser.

À savoir sur les œufs

La coquille de l'œuf ne doit être ni fêlée ni cassée. Cette coquille représente en effet une barrière naturelle contre les microbes. Il est donc fortement conseillé de pas utiliser un œuf dont la coquille est fêlée ou cassée.

Il est recommandé de ne jamais casser directement les œufs dans la préparation, mais de les casser un à un dans un petit ramequin, afin de s'assurer de leur fraîcheur.

La conservation isolée de l'œuf au réfrigérateur est essentielle, la coquille étant poreuse, le jaune où est concentré le goût absorbe les bons mais aussi les mauvais goûts (oignons, chou, ciboulette, poisson, etc.). Il est donc recommandé de bien les garder dans leur emballage et d'éviter tout contact avec d'autres denrées.

Les œufs se rangent la tête en bas, sur la pointe, dans le compartiment qui leur est réservé dans le réfrigérateur.

Le blanc d'œuf tout seul peut se garder pendant plusieurs jours au réfrigérateur dans une boîte hermétique, ou plusieurs semaines au congélateur.

Il est conseillé de sortir l'œuf du réfrigérateur une ou deux heures avant son utilisation, de façon qu'il soit à température ambiante.

Gloire à l'œuf!

Glorifier l'œuf peut pour le moins paraître idiot à certains. On pourrait même penser que je suis tombé sur la tête et par la même occasion, que j'ai fêlé ma coquille. En fait, rien de tout cela. Je suis simplement décidé à revaloriser l'ami de l'homme depuis des siècles, fragile et sans défense : l'œuf.

Il a été bien chahuté au cours de ces vingt dernières années, mis au banc des accusés par des excentriques se disant experts au nom de la santé. Sa consommation, lorsqu'il est légèrement cuit, a été déconseillée pour les femmes enceintes et les personnes âgées. Il nous a été demandé de nous méfier de son taux de cholestérol élevé, on lui a donné la réputation d'être indigeste, d'être porteur de la salmonelle, etc.

Il est temps de se rappeler que l'œuf est la forme de nourriture la plus universelle. Il est facile et rapide à cuisiner. C'est un trésor de substances essentielles à notre équilibre alimentaire journalier : riche en protéines, lipides, vitamines, sels minéraux, phosphore et fer, faible en sodium, il contient la protéine de référence pour les nutritionnistes et un œuf moyen n'a que 78 calories. Aucun pays ou religion ne le boude et il est l'aliment de référence par excellence. Il peut être consommé aussi bien au petit-déjeuner, à déjeuner, à l'heure du thé, à dîner ou encore à souper. Il est parfait pour les pique-niques, les sandwiches et il est indispensable dans la confection d'une multitude de produits alimentaires.

Je ne peux donc que glorifier l'œuf puisqu'il est un génie dans l'alimentation, sous toutes ses formes. Je dois ajouter que ma santé n'a jamais été affectée par une consommation de six à huit œufs par semaine, et ceci depuis mon adolescence.

Mon fils Alain partage mes opinions à ce sujet et il me faisait remarquer récemment que la presse écrite et parlée préfère bien sûr glorifier le foie gras, la truffe, le caviar, le homard, le bœuf de kobé, etc., un peu par snobisme puisque ce sont des produits plus chers et rares.

Pour le moins ignoré, voire même attaqué et sans défense, j'ai décidé de lui faire un clin d'œil. Ainsi voilà pourquoi j'ai choisi d'écrire un ouvrage sur l'œuf afin de lui rendre ses lettres de noblesse en toute simplicité, comme vous pourrez le constater.

Quelques chiffres...

Comment choisir et acheter le meilleur œuf? Dans la mesure du possible, achetez des œufs bio, et évitez à tout prix les œufs de poules élevées en cage. Les œufs bio sont garantis 100 % sans OGM. La mention « extra frais » garantit un œuf pondu depuis moins de 9 jours, et la mention « frais » un œuf pondu depuis moins de 28 jours.

Les labels avicoles diffèrent d'un pays à l'autre. L'élevage en plein air « label rouge » en France, représente le critère de qualité par excellence. Les directives européennes demandent que les codes suivants figurent sur les emballages d'œuf : **0** pour le bio, **1** pour le plein air, **2** pour le sol, **3** pour la cage.

Une poule pond en moyenne 280 œufs par an. La lumière, la température et l'alimentation sont des facteurs essentiels qui rythment la ponte… Le métabolisme d'une poule réclame au moins douze heures de lumière pour concevoir un œuf. Et enfin, pour clore ce sujet, il est bon de mentionner que la poule n'a pas besoin du coq pour faire un œuf, l'œuf provenant d'un ovule, fécondé ou non.

À savoir sur les œufs

Utilisez un fouet ou un batteur électrique pour battre les blancs d'œufs. Il est essentiel que le récipient et le fouet soient parfaitement propres. La présence d'une trace d'eau ou de jaune d'œuf pourrait être nuisible au montage maximal des blancs. Il est préférable de ne pas battre excessivement les œufs en neige.

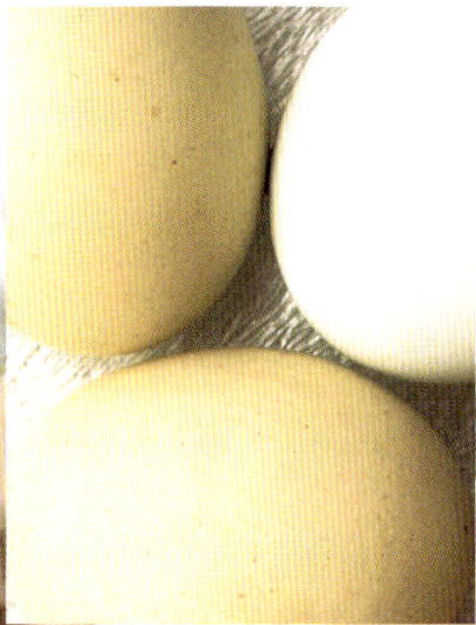

Ne mélangez pas brusquement les œufs afin d'éviter de perdre du volume.

En ce qui me concerne, j'utilise au Waterside Inn les œufs d'élevage en plein air produits par une ferme locale. Leurs œufs sont succulents avec une belle pigmentation du jaune. En l'absence d'œufs bio ou de plein air, je recommande d'acheter des œufs portant le label rouge, qui est une garantie essentielle de qualité.

Œufs à la coque, mollets, durs

Voilà le chapitre de la simplicité, embrassant la plénitude ainsi que la pureté puisque l'œuf est non seulement cuit dans sa coquille mais également souvent servi dans cette dernière. Il est essentiel d'acheter des œufs extra-frais, c'est-à-dire d'une ponte de moins de 9 jours, surtout pour les servir à la coque. On peut vérifier la fraîcheur en le plongeant dans de l'eau froide salée. S'il coule, il est extra-frais ; s'il reste entre deux eaux, il vient d'une ponte d'une quinzaine de jours ; s'il flotte, il n'est pas assez frais pour être mangé. Ma méthode de cuisson des œufs à la coque est la même depuis l'âge de 18 ans ; elle est facile à suivre et elle ne demande ni montre, ni sablier. Elle est infaillible et l'essayer, c'est l'adopter. L'œuf mollet est délicieux servi en hors-d'œuvre. Je l'adore dans une salade de pissenlits ou de roquette. Toutefois, lorsque je suis l'été dans le sud de la France, je préfère ma recette aux croquants de concombre dans un nid de tomates de Marmande. Pour que l'œuf dur ne soit caoutchouteux et d'une consistance étouffante, je le cuis à cuisson à peine frémissante, c'est-à-dire à 70 °C environ.

À la coque, mollets ou durs

Il est conseillé de sortir les œufs du réfrigérateur au moins deux heures à l'avance. Cela évitera qu'ils ne se fêlent quand l'eau arrive à ébullition et la formation de blanc coagulé à l'extérieur de la coquille. Vous pouvez aussi percer avec une épingle un petit trou dans l'extrémité ronde de l'œuf qui contient la chambre à air, permettant ainsi à l'air de s'échapper pendant la cuisson sans que la coquille ne se fêle.

Œufs à la coque
Mettez les œufs délicatement dans une casserole. Ils ne doivent pas se cogner. Couvrez-les généreusement d'eau froide et mettez-les à cuire à feu moyen. Dès l'ébullition, pour un œuf moyen c'est-à-dire de 53 à 62 g, comptez jusqu'à 60 pour terminer la cuisson. Ceci donnera un œuf au blanc légèrement pris, c'est-à-dire l'équivalent de 3 minutes au sablier. Pour obtenir un œuf au blanc bien figé mais au jaune coulant, le cuire pendant 30 secondes de plus et enfin pour une cuisson au blanc ferme et au jaune d'œuf mollet, ajoutez encore 30 secondes soit au total l'équivalent de 4 minutes de cuisson au sablier.
Aussitôt cuits, retirez à l'aide d'une écumoire les œufs

de l'eau bouillante. Placez-les dans des coquetiers et servez-les le plus rapidement possible. Pour les consommer, coupez le haut pointu de chaque œuf en le tapant fermement avec un petit couteau bien tranchant pour éviter que la coquille ne se fragmente. On peut bien sûr utiliser un découpe-œuf, ce qui donnera un chapeau plus net.

Œufs mollets

On procédera selon le même principe que pour les œufs à la coque, mais en les laissant cuire pendant 3 minutes dès que l'eau est frémissante. Dès que l'eau atteint un léger bouillonnement, réduisez immédiatement la source de chaleur. Ne laissez pas les œufs cuire à gros bouillons, car cela donnera des blancs caoutchouteux. Dès que les œufs sont cuits, transférez-les à l'aide d'une écumoire dans un bol d'eau très froide à laquelle on ajoutera quelques glaçons. Une fois refroidis, soit après 10 à 15 minutes, il suffira de les tapoter avec le dos d'une petite cuillère pour les écaler. On commencera à enlever la coquille par le côté arrondi de l'œuf où se trouve la petite chambre à air, en procédant sous un petit filet d'eau froide. Cette dernière se glissera entre le blanc durci et la membrane de la coquille et facilitera l'opération sans abîmer l'œuf.

Œufs durs

On procédera selon le même principe que pour les œufs mollets, mais en les laissant cuire pendant 6 minutes dès que l'eau est frémissante.

Œufs à la coque et petits ramequins aux mille saveurs

Ce sera un peu comme une fondue bourguignonne où chacun choisit sa sauce. Il suffira de mêler à son œuf un peu des garnitures, toutes si délicates au goût. Prévoyez au moins deux œufs par personne. Le succès est assuré, surtout si les œufs sont servis sur un grand plateau en surprise et pourquoi ne pas être extravagant et les déguster au lit accompagnés d'un ramequin de caviar?

Mini-ratatouille Coupez en petits dés de 3 cm de côté, un oignon moyen, un petit morceau de poivron rouge, vert ou jaune, une petite courgette, une aubergine naine et une petite tomate bien mûre émondée. Dans une petite casserole, mettez trois cuillères d'huile d'olive et faites suer l'oignon à feu doux puis, après 2 minutes, ajoutez le poivron. Après 5 minutes, ajoutez la courgette et à deux minutes d'intervalle, ajoutez successivement les ingrédients restants, salez, poivrez, ajoutez quelques brindilles de thym et servez tiède.

Olives Choisissez différentes sortes d'olives, vertes et noires. Dénoyautez-les, prenez les olives les plus grosses et mixez-les.

Mini-croûtons Parez la croûte d'une tranche de pain de mie, puis coupez des bandes fines et des cubes dans ces dernières. Dorez-les dans une poêle à feu moyen avec un peu de beurre clarifié. Égouttez-les et servez-les tièdes.

Câpres Choisissez-les petites. Rincez-les sous un filet d'eau froide afin d'atténuer le goût du vinaigre et égouttez-les bien.

Fines herbes Choisissez-les selon vos goûts. Mes herbes préférées sont le cerfeuil, le persil plat et la civette. Il suffira simplement de les ciseler finement.

Fromage râpé Comté ou parmesan fraîchement râpé, il n'en sera que meilleur.

Sel et poivre Sel de mer et poivre fraîchement moulu sont essentiels.

C'est une armée de plaisirs visuels et gustatifs que ces petits soldats vous procureront. Tous sont délicieux trempés dans l'œuf à la coque.

Pointes d'asperges Il suffira d'éplucher à l'économe des petites asperges et de les cuire à l'eau bouillante salée pendant quelques minutes selon ses goûts. Elles seront mieux appréciées fermes mais pas croquantes

Grissini Enroulez-les de petites tranches très fines de jambon de Parme, de Bayonne ou de Pata Negra, juste avant de les servir.

Pommes frites Il ne faudra pas les tailler trop grosses. Faites-les cuire bien croustillantes mais encore moelleuses au milieu.

Paillettes au fromage On peut soit les acheter dans le commerce toutes cuites ou bien acheter le feuilletage, les confectionner soi-même et les servir tièdes.

Bâtonnets de carottes Épluchez les carottes à l'économe et coupez-les en forme de grosses allumettes à cigare. Faites-les blanchir pendant 30 secondes à l'eau bouillante salée additionnée d'une pointe de curry et d'une noix de beurre. Servez-les froids ou tièdes.

Brochettes de dés de comté sur tiges de romarin Éliminez les feuilles de romarin de leur tige, et gardez-en seulement quelques-unes sur le haut de cette dernière pour la présentation. Servez-vous des tiges comme de petites brochettes et embrochez par l'extrémité dépourvue de feuilles 6 petits cubes de fromage. Dans le cas où la tige de romarin n'est pas assez rigide, percez d'abord les cubes de fromage avec une pique à cocktail puis enfilez-les ensuite sur la tige de romarin.

Œufs à la coque au caramel à la vanille

Pour : 4 personnes **Préparation :** 5 minutes **Cuisson :** 10 minutes

4 œufs cuits à la coque (voir méthode page 18)
1 gousse de vanille fendue en son milieu
1 tranche de pain brioché pour griller et tailler des soldats

Sauce caramel

100 g de sucre semoule
5 g de jus de citron
100 ml d'eau bouillante

Mettez les 4 œufs crus en coquille, tels quels dans un récipient hermétique avec la gousse de vanille. Réservez ainsi au réfrigérateur pendant au moins 24 heures.

Dans une petite casserole à fond épais et au rebord haut, mettez le sucre à dissoudre à feu doux sans cesser de remuer à la cuillère. Dès que ce dernier est fondu et prend une légère couleur caramel, arrêtez la source de chaleur. Versez l'eau bouillante (en se tenant un peu à l'écart afin d'éviter de se brûler si le caramel se mettait à éclabousser) ainsi que le jus de citron, remuez au petit fouet et laissez cuire à feu moyen pendant 2 ou 3 minutes, le temps d'obtenir un caramel à consistance de sirop. Ajoutez avec la pointe d'un couteau un soupçon des graines de la gousse de vanille et réservez à température ambiante.

Cuisez les œufs selon la méthode des œufs à la coque page 18, au degré de cuisson désiré. Une fois cuits, mettez-les dans les coquetiers.

Chacun se servira de caramel en le versant dans l'œuf en filet. À déguster à la petite cuillère ou en trempant des soldats faits de pain brioché grillé.

Pour ceux qui préfèrent le sucré au salé, voilà un œuf à la coque divin. Soyez prêt à en cuire un deuxième… le goûter, c'est l'adopter !

Œufs mollets sur salade de roquette et copeaux de parmesan

Pour : 4 personnes **Préparation :** 5 minutes

400 g de salade de roquette
6 cuil. à potage de vinaigrette suisse (recette page 296)
4 œufs mollets (méthode page 19)
100 g de parmesan coupé en copeaux

Lavez la roquette à l'eau très froide, égouttez-la et réservez au froid.

Mélangez délicatement la roquette à la vinaigrette et répartissez entre les quatre assiettes. Coupez chaque œuf mollet en deux et posez deux moitiés sur la salade. Parsemez de copeaux de parmesan et servez aussitôt.

La roquette de pleine terre est plus épicée que celle de serre. Aussi, selon les goûts et pour l'adoucir un peu sans en perdre la saveur, on peut la mélanger avec un peu de feuilles de chênes.

Recette illustrée à la page précédente

Œufs mollets en croustade sur fondant de courgettes, sabayon aux épinards et au cresson

Pour : 4 personnes **Préparation** : 25 minutes **Cuisson** : 15 minutes

200 g de pâte brisée (recette page 194)
farine pour abaisser la pâte
150 g de courgettes coupées en gros bâtonnets
5 cl d'huile d'olive
1 gousse d'ail en chemise fendu
1 brindille de thym
3 g de basilic ciselé
4 œufs mollets (méthode page 19)
1 dose de sabayon aux épinards et cresson (recette page 293)

Sur une surface de travail légèrement farinée, abaissez la pâte brisée d'une épaisseur de 3 mm. Découpez à l'emporte-pièce quatre ronds de 10 cm de diamètre et foncez quatre moules à tartelette de 7 cm de diamètre approximativement. Laissez reposer au réfrigérateur pendant 30 minutes.

Préchauffez le four à 200 °C. Piquez 3 ou 4 fois les fonds de tartelette avec la pointe d'une fourchette. Déposez au fond de chacun un cercle de papier sulfurisé et couvrez de noyaux de cuisson ou de haricots secs. Laissez cuire au four pendant 10 minutes, puis retirez les noyaux de cuisson et le papier sulfurisé et remettez au four à 180 °C pendant 5 minutes de plus. Réservez les fonds à température ambiante.

Mettez les courgettes dans une petite casserole avec l'huile d'olive, l'ail, le thym et faites cuire ou plutôt confire à feu doux pendant 4 à 5 minutes. Éliminez alors le thym et l'ail et réservez dans l'huile à température ambiante.

Mélangez les courgettes tièdes bien égouttées au basilic, assaisonnez-les au goût et répartissez-les entre les quatre croustades. Dans une terrine, placez les œufs mollets et recouvrez-les d'eau bouillante. Après 30 secondes, égouttez-les et disposez un œuf sur le dessus de chaque croustade. Arrangez une croustade sur chaque assiette préchauffée, nappez généreusement du sabayon épinards/cresson et servez aussitôt.

Œufs mollets et craquants de concombre dans un nid de tomates

Pour : 4 personnes **Préparation :** 20 minutes

4 tomates de Marmande, soit de grosses tomates d'environ 200 g chacune
1 gros concombre d'environ 400 g
400 g de sauce Bagnarotte (recette page 285)
4 œufs mollets (recette page 19)
4 peluches de cerfeuil

Pour la marinade
150 g de vinaigre de vin blanc
75 g de sucre semoule
quelques feuilles de romarin
40 cl d'eau
1 pincée de sel et poivre du moulin

Rafraîchissant, le croquant du concombre apporte une note tout à la fois sucrée et acide qui sera d'un heureux contraste avec les chairs de la tomate.

Pour la marinade, placez tous les ingrédients dans une casserole. Amenez à ébullition, puis passez au chinois dans une terrine. Réservez à température ambiante.

Avec la pointe d'un couteau, incisez le dessus des tomates et retirez les trognons. Ébouillantez les tomates, sortez-les à l'aide d'une écumoire et plongez-les dans de l'eau glacée. Retirez les tomates de l'eau et ôtez la peau.

Au couteau, éliminez un peu du fond de la tomate, afin de lui procurer une assise, puis découpez le haut, et, à la cuillère à soupe, évidez la tomate, enlevant chairs et pépins. Salez l'intérieur de chaque tomate et réservez-les retournées sur du papier absorbant, à température ambiante.

Pelez le concombre sur toute sa longueur sur une moitié seulement. Éliminez un peu des deux extrémités puis, à la mandoline, taillez des rubans de 2 mm d'épaisseur sur toute la longueur côté peau et mettez-les dans la marinade. Épépinez l'autre moitié du concombre et coupez les chairs en petits dés. Mettez-les avec les rubans dans la marinade pendant deux à trois minutes, puis égouttez rubans et dés.

Mélangez un peu de la sauce aux dés de concombre, puis répartissez-les dans les tomates. Glissez un ruban de concombre à l'intérieur de chaque tomate, en laissant un peu de ce dernier retomber sur les bords extérieurs de la tomate. Placez un œuf mollet au centre de chaque tomate ou nid, nappez chaque œuf de sauce, disposez une peluche de cerfeuil et servez.

Œufs de poule naine sur chairs de crabe et julienne de céleri-rave

Pour : 4 personnes **Préparation** : 15 minutes

1 céleri-rave de 450 g environ
1 dose de vinaigrette suisse (recette page 296)
250 g de chairs de crabe fraîches
le jus d'1 citron et demi
4 œufs cuits mollets (méthode page 19) pendant 1 minute
1 cœur de laitue soit environ 8 feuilles bien tendres et délicates
½ citron coupé en 4 morceaux
10 g de feuilles de persil plat
sel et poivre du moulin

Épluchez le céleri-rave au petit couteau, éliminez toutes les parties dures, puis taillez-le à la mandoline en julienne. Mélangez 4 cuillères à soupe de vinaigrette suisse à la julienne, et réservez à température ambiante.

Assurez-vous que tout cartilage ou éclat de carapace ait bien été éliminé des chairs de crabe. Ajoutez le jus de citron aux chairs de crabe, assaisonnez au goût en sel et poivre.

Répartissez le céleri-rave sur quatre assiettes. Arrangez au centre les chairs de crabe en petit dôme et posez les œufs sur le crabe. Disposez quelques feuilles de laitue sur un des côtés de l'assiette ainsi qu'un morceau de citron et les feuilles de persil, nappez les œufs d'un peu de vinaigrette et servez le reste à part en saucière. Servez bien frais.

Les chairs de crabe peuvent être également de la conserve ou congelées, mais leur saveur en sera bien meilleure si elles sont fraîches. Voilà un autre hors-d'œuvre qui fera craquer les plus gourmands et qui se prépare en quelques minutes.

Un sandwich royal délicieux, avec des garnitures par endroits chaudes et par ailleurs froides, moelleux, aux saveurs multiples, dont je me régale à l'excès lorsque mon épouse Robyn m'en fait la surprise pour un repas un jour de congé ou de repos. On peut remplacer un ingrédient par un autre, par exemple l'anguille fumée peut être remplacée par du jambon cru ou cuit ou du bacon tout chaud.

Sandwich de Ciabatta aux œufs durs et autres saveurs

Pour : 4 personnes **Préparation :** 30 minutes **Cuisson :** 8 à 10 minutes sous la salamandre/gril

1 pain ciabatta de 250 g, de 28 cm x 10 cm de large environ
100 g de beurre pommade
50 g de pousses d'épinards ciselées
150 g de mayonnaise (recette page 282)
50 g de pesto que l'on mélangera à la mayonnaise
100 g d'anguille fumée coupée en fines tranches
100 g de tomates coupées en fines tranches
1 avocat débarrassé de sa coque et de son noyau, coupé en fines tranches
4 œufs durs (recette page 19)
50 g de civette ciselée
100 g de concombre épluché et finement coupé
5 g de feuilles de basilic
150 g de mozzarella coupé en fines tranches
50 g de cheddar ou de gruyère râpé
sel et poivre du moulin

Posez le ciabatta sur une planche à découper. Avec un couteau à découper, fendez-le sur toute sa longueur aux deux tiers de sa base. Ceci donnera une sorte de couvercle long. Toujours au couteau et en grattant à la fourchette, éliminez un peu de la mie de pain du couvercle et les deux-tiers de la mie de la base.

Préchauffez la salamandre ou le gril. Badigeonnez l'intérieur du couvercle et de la base au pinceau avec le beurre pommade, salez et poivrez légèrement. Mettez-les à chauffer, presque à dorer, sous la salamandre. Disposez alors à l'intérieur de la base du ciabatta les ingrédients, dans l'ordre cité, par couche en pressant à chaque fois légèrement du bout des doigts. Le mélange mayonnaise/pesto sera toutefois mis en deux fois, une moitié après les épinards et l'autre moitié après le basilic. On terminera avec le fromage râpé saupoudré sur la mozzarella. Placez alors la base du ciabatta garni à souhait sous la salamandre/gril pendant 5 à 6 minutes et réchauffez le couvercle côté intérieur pendant 2 minutes.

Replacez le couvercle sur la base du ciabatta, puis pressez légèrement du bout des doigts. À l'aide d'une palette, glissez le ciabatta sur une planche à découper et servez-le à table à vos convives, en découpant des tranches épaisses au couteau-scie.

Œufs de caille à l'écossaise

Pour : 4 personnes **Préparation :** 25 minutes **Cuisson :** 2 minutes

300 g de chair de porc dégraissée et dénervée, de préférence dans le filet ou l'épaule
1 blanc d'œuf
1 pincée de cayenne
5 g de persil et ciboulette ciselée
8 œufs de caille durs (voir méthode page 18)
100 g de farine mélangée à une pincée de sel et poivre
100 g de chapelure blanche fine
2 œufs + 2 cuil. à soupe de lait mélangés ensemble, salés et poivrés (pour paner à l'anglaise)
30 cl d'huile d'arachide (pour frire)

J'aime servir ces œufs avec quelques feuilles de céleri branche crues ou frites, dont le goût s'associe bien avec les œufs à l'écossaise.

Hachez au hachoir avec la grille fine la chair de porc, ou bien demandez à votre boucher de la hacher pour vous. Mélangez-la dans un bol au blanc d'œuf et au persil/ciboulette, salez au goût, puis ajoutez la pointe de cayenne.

Étalez légèrement du bout des doigts un peu de farce dans la paume de la main, placez au milieu un œuf de caille parfaitement égoutté et individuellement essuyé, ramenez la farce tout autour de l'œuf. L'épaisseur de la farce autour de l'œuf ne doit pas excéder 4 mm. Renouvelez l'opération pour les 7 autres œufs.

Roulez-les alors sans excès dans la farine et en prenant soin de ne pas les déformer, passez-les individuellement dans le mélange œuf/lait puis dans la chapelure de façon qu'ils en soient bien tous couverts d'une fine couche. Les œufs sont prêts à cuire.

Dans une casserole, faites chauffer l'huile jusqu'à une température de 180 °C. Plongez-y alors rapidement les œufs un par un, et cuisez-les pendant $^1/_2$ à 2 minutes au maximum. Retirez-les de l'huile à l'aide d'une écumoire et égouttez-les sur du papier absorbant. Servez de préférence tièdes en hors-d'œuvre.

Œufs farcis aux moules

Pour : 4 personnes **Préparation :** 20 minutes **Cuisson :** 5 minutes approximativement pour les moules

5 cl de vin blanc sec
32 moules, lavées et grattées
4 œufs durs (méthode page 19)
150 g de mayonnaise (recette page 282)
sel et poivre du moulin
2 cuil. à soupe de jus de citron
3 cuil. à soupe d'huile d'arachide
200 g de carottes épluchées et coupées en julienne
1 demi-oignon rouge moyen, finement haché

Les œufs farcis font penser quelquefois aux buffets tristes des banquets des années soixante. Cependant, je peux vous assurer qu'avec un peu d'imagination, on peut les rendre intéressants et glorieux, et être fier du résultat final.

Dans une casserole, mettez le vin blanc et les moules et faites cuire à l'étouffée. Dès que ces dernières sont ouvertes, décoquillez-les puis réservez-les dans une terrine avec le jus qu'elles ont rendu en cuisant et que l'on passera au préalable à la mousseline afin d'éliminer toute trace de sable. Réservez à température ambiante.

Fendez les œufs en deux dans le sens de la longueur. Avec le pouce, retirez les jaunes. Passez ces derniers au travers des mailles d'une grosse passoire étamine. Cela donne des jaunes « mimosa » qu'on récupère dans une assiette creuse.

Égouttez les moules. Réduisez à feu doux leur jus de cuisson jusqu'à une consistance sirupeuse, puis dès qu'il a refroidi, incorporez-le à la mayonnaise. Mélangez aussi les moules à la mayonnaise et arrangez-en trois ou quatre dans chaque blanc d'œuf évidé.

Dans une terrine, mettez le sel, le poivre, le jus de citron, mélangez au fouet puis ajoutez l'huile. Ajoutez-y les carottes et l'oignon. Étalez sur un plat, ajoutez dessus les œufs farcis et saupoudrez du jaune d'œuf « mimosa ». Servez frais, mais pas trop froid.

Exemples d'œufs farcis :

Calamar grillé, coupé en brunoise et mêlé à ma sauce Bagnarotte (recette page 285), servi avec quelques œufs de saumon pour la décoration.

Crevettes grises mêlées à des petits dés de pommes de terre cuites à l'eau, assaisonnées d'une sauce César (recette page 294) et parsemées généreusement de ciboulette ciselée.

Œufs d'oie durs sur salades de fines herbes, brochette de thon grillé

Pour : 4 personnes **Préparation :** 15 minutes **Cuisson :** 3 à 4 minutes approximativement pour le thon

2 poivrons verts épluchés à l'économe, coupés en 4 et débarrassés de leur peau blanche et des petites graines
1 morceau de thon de 560 g environ, coupé en 12 cubes
3 cuil. à soupe d'huile d'olive
2 cuil. à soupe de vinaigre de vin blanc
sel et poivre du moulin
6 cuil. à soupe d'huile d'arachide
1 échalote finement hachée
40 g de feuilles de persil plat
20 g de peluches de cerfeuil
20 g de civette coupée en bâtonnets
2 œufs d'oie cuits durs (méthode page 19) pendant 12 minutes
1 cuil. à soupe de moutarde en graines

Cette salade est une version moderne d'une salade niçoise. Le thon s'harmonise très bien avec les fines herbes et les œufs d'oie.

Coupez les poivrons en carré d'environ 3 cm de côté. Mettez-les à blanchir pendant une minute puis rafraîchissez-les. Enfilez un morceau de poivron sur une brochette, puis un cube de thon assaisonné et légèrement enduit d'huile d'olive, puis un morceau de poivron et ainsi de suite jusqu'à ce que la brochette soit garnie de trois cubes de thon. Renouvelez la même opération avec les trois autres brochettes.

Préchauffez une poêle à griller. Mettez les brochettes à cuire en les tournant d'un quart de tour après trente secondes afin d'obtenir un beau quadrillage. Renouvelez la même opération sur les quatre faces des cubes de thon. Après 3 à 4 minutes de cuisson, le thon sera cuit pour une cuisson rosée.

Pour la salade de fines herbes, mélangez dans un bol le vinaigre, un peu de sel, du poivre du moulin, l'huile d'arachide, puis ajoutez l'échalote et les fines herbes délicatement.

Répartissez la salade d'herbes entre les quatre assiettes. Placez une brochette de thon sur chaque salade, disposez un demi-œuf d'oie coupé en deux en bordure de chaque assiette et parsemez les œufs de moutarde en graines.

Œufs pochés

On peut s'en régaler dès le matin au petit déjeuner jusqu'au soir à dîner, servi sur un toast, nature ou nappé d'une sauce, flottant dans une soupe ou un consommé, ou posé sur ma tarte à l'oignon. Drapés de blancs, ils sont faciles à exécuter et ils peuvent être pochés 24 heures avant d'être utilisés. Durant cette opération, il est impératif de ne pas saler l'eau de cuisson, car la surface du blanc se piquerait alors de petits trous. Il suffit ensuite de les conserver dans un récipient rempli d'eau glacé jusqu'au moment de les servir. En 1982, mon frère Albert et moi avions accepté le challenge de servir 3 500 personnes lors d'une réception au Royal Albert Hall. Le premier plat du menu était un classique des deux frères : « l'œuf poché Albert », composé d'un fond d'artichaut, d'une mousse de saumon, d'un œuf poché surmonté d'une tranche de saumon fumé. Il fallut une journée et demie à une équipe de 4 chefs, dont mon neveu Michel Roux Junior qui dirigea l'équipe, pour pocher à la perfection 3 500 œufs… de quoi en rêver la nuit ! Pour moi, le vrai régal, c'est le dimanche matin à l'heure du déjeuner, lorsque je m'attable devant une assiette de deux œufs Bénédicte avec un verre de champagne.

Œufs pochés

Remplissez aux deux-tiers une casserole d'environ 10 cm de profondeur avec de l'eau non salée, ajoutez trois cuillères à soupe de vinaigre de vin blanc et amenez à petite ébullition. Cassez un œuf dans un petit ramequin ou un petit pot, puis versez-le délicatement à l'endroit où l'eau bouillonne.

Procédez de la même façon avec les autres œufs. On évitera de pocher plus de quatre œufs à la fois.

L'œuf est prêt à être utilisé, mais il peut être conservé au réfrigérateur dans de l'eau froide. Il suffira, pour le servir chaud, de le mettre dans un bol et de le recouvrir d'eau bouillante pendant 30 secondes au maximum.

Avcc une cuillère à trou ou une petite écumoire, retirez l'œuf et vérifiez d'une petite pression du bout des doigts s'il est cuit.

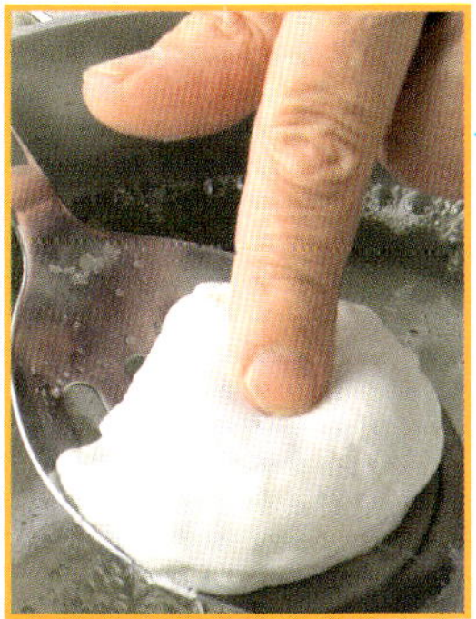

Dès qu'il est cuit selon votre goût, posez-le dans un bol rempli d'eau froide à laquelle on aura ajouté des glaçons et laissez reposer pendant une dizaine de minutes.

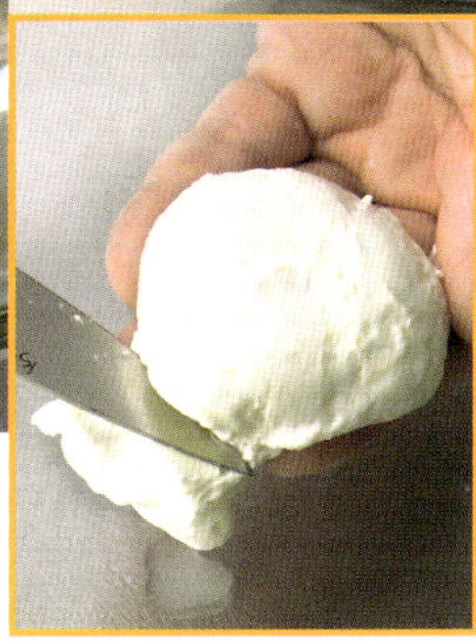

Donnez ensuite une forme régulière à l'œuf en le parant à l'aide d'un petit couteau. On éliminera ainsi l'excédent de blanc qui s'est inévitablement un peu étalé en cuisant.

Œuf poché Bénédicte

Pour : 4 personnes **Préparation** : 15 minutes

2 muffins
100 g de beurre
100 g d'épinards équeutés et lavés
sel et poivre du moulin
4 petites tranches de langue écarlate
4 œufs pochés (méthode page 44)
20 cl de sauce hollandaise (recette page 278)
5 g de ciboulette taillée en bâtonnets

Fendez les muffins en leur milieu dans le sens de l'épaisseur. Faites-les légèrement dorer pendant une ou deux minutes dans le grille-pain. Réservez-les au chaud.

Dans une poêle, mettez à chauffer 50 g de beurre, faites-y cuire les épinards pendant 1 à 2 minutes, salez et poivrez et réservez-les au chaud. Dans la même poêle, mettez le reste du beurre et à feu doux, faites tiédir les tranches de langue écarlate pendant 1 ou 2 minutes.

Mettez une moitié de muffin sur chaque assiette, étalez sur chacun les épinards, arrangez une tranche de langue et finalement déposez un œuf tiédi dans de l'eau bouillante puis égoutté minutieusement. Nappez généreusement de sauce hollandaise, parsemez de bâtonnets de ciboulette et servez immédiatement avec un peu de sauce hollandaise présentée à part en saucière.

Un grand classique que j'ai appris à exécuter à l'Ambassade britannique à Paris, dans les années soixante. Je trouve que le jambon, souvent substitué à la langue écarlate, ne rend pas justice à ce mets simple mais grandiose. C'est un plat qui me permet de juger de la valeur d'un bon cuisinier. Je l'apprécie en brunch, en hors-d'œuvre à déjeuner et même à dîner sous tous les cieux, principalement l'hiver et dans les pays au climat froid.

Œufs pochés Florentine

Pour : 4 personnes **Préparation :** 10 minutes

60 g de beurre
600 g d'épinards équeutés et lavés
2 pincées de sucre
sel et poivre du moulin
5 cl de crème fraîche
1 pointe de noix muscade
4 œufs pochés (méthode page 43)
50 g de comté de préférence ou de parmesan, râpé
25 cl de sauce Mornay (recette page 299)

Dans une poêle, mettez la moitié du beurre à fondre à feu vif. Dès qu'il a fondu, ajoutez la moitié des épinards, saupoudrez d'une pincée de sucre et de sel. Remuez les épinards afin qu'ils cuisent régulièrement, puis, après une minute de cuisson, versez-les dans un égouttoir. Renouvelez la même opération avec le reste des épinards. Dans une casserole, ajoutez la crème fraîche aux épinards, assaisonnez au goût avec une petite pointe de muscade, sel et poivre, et réservez au chaud.

Répartissez les épinards dans des plats individuels à œuf sur le plat ou à crème brûlée, puis mettez-les au four ou à l'étuve à 80 °C afin de les garder chaud. Placez les œufs pochés dans une terrine et recouvrez-les d'eau bouillante. Après 30 secondes, égouttez-les bien puis disposez un œuf dans chaque plat, sur les épinards. Mélangez la moitié du fromage râpé à la sauce Mornay bien chaude, nappez-en généreusement les œufs, puis saupoudrez-les avec le reste du fromage et mettez à gratiner sous la salamandre, le temps d'obtenir une couleur noisette clair. Servez bien chaud.

Le succès de ce plat réside dans sa simplicité et dans trois points importants : la qualité des épinards, une très bonne sauce Mornay avec du comté de préférence et des œufs parfaitement pochés. Ce plat est également délicieux si vous remplacez les épinards par des champignons blancs ou des prés lorsque c'est la saison.

Œufs pochés aux crevettes et confit de tomates

Pour : 4 personnes **Préparation** : 15 minutes

300 g de crevettes roses de préférence
3 g de poudre de curry, délayée dans une cuil. à soupe d'eau tiède
150 g de mayonnaise (recette page 282)
1 dose de tomates confites (voir recette de la *frittata* de courgettes, page 144)
1 avocat
4 œufs pochés (méthode page 44)
le jus d'un citron
sel et poivre du moulin

Décortiquez les crevettes, mais assurez-vous d'en garder huit, bien que décortiquées, avec la tête attachée à la queue, pour la présentation. Ajoutez le curry à la mayonnaise en mélangeant bien au fouet, puis mêlez délicatement les crevettes et vérifiez l'assaisonnement.

Coupez les tomates en bandes d'un centimètre de largeur.

Épluchez l'avocat, coupez-le en quart au petit couteau. Tranchez chaque quart en forme d'éventail, puis arrosez de quelques gouttes de jus de citron.

Répartissez les crevettes au centre de quatre assiettes, déposez sur ces dernières un œuf poché, puis arrangez un éventail d'avocat sur chaque œuf. Disposez les tomates en cordon autour des crevettes et placez les deux crevettes entières mais décortiquées réservées à cet effet en bordure de l'assiette les têtes croisées.

Un hors-d'œuvre où tous les ingrédients peuvent se préparer la veille, et où il suffira de dresser les assiettes au moment de servir.

Œufs pochés sur pommes de terre violettes et effeuillé de haddock

Pour : 4 personnes **Préparation :** 25 minutes

350 g de petites pommes de terre (violettes de préférence)
sel et poivre du moulin
40 g de beurre
80 g d'échalote finement hachée
1 morceau de haddock d'environ 300 g, mis à tremper à l'eau froide pendant 30 min
60 cl de lait
1 petit bouquet garni
30 g de beurre pour les plats
4 œufs pochés (voir méthode page 44)
30 cl de sauce écossaise (recette page 297)

Lavez les pommes de terre à l'eau froide. Mettez-les dans une casserole et recouvrez-les d'eau froide, mettez une pincée de sel et laissez cuire à petite ébullition pendant 20 minutes. Vérifiez la cuisson avec la pointe d'un couteau. Une fois cuites, faites couler un peu d'eau froide sur les pommes de terre et réservez. Dès qu'elles ont refroidi, épluchez-les au couteau et coupez-les en tranches.

Dans une petite casserole, mettez 40 g de beurre à fondre, ajoutez l'échalote, et faites suer à feu très doux pendant 2 minutes. Réservez.

Placez le haddock dans une casserole, recouvrez-le du lait. Ajoutez le bouquet garni. Amenez à ébullition à feu doux puis laissez pocher à petits frémissements pendant 5 minutes. Réservez hors du feu dans le lait jusqu'à presque froid.

Beurrez quatre plats individuels à gratin. Mélangez les échalotes aux pommes de terre. Répartissez-les dans les plats, effeuillez le haddock sur les pommes de terre. Recouvrez de papier aluminium et mettez au four à 160 °C pendant 5 minutes.

Dans un bol, mettez les œufs pochés. Recouvrez-les d'eau bouillante. Après 30 secondes égouttez-les, et mettez-en un sur les pommes dans chaque petit plat. Recouvrez de la sauce écossaise brûlante et servez aussitôt.

Œufs pochés dans un puits de pommes de terre mousseline

Pour: 4 personnes **Préparation**: 10 minutes **Cuisson**: 15 minutes

300 g de pommes de terre (Désirée ou Ostara de préférence)
sel
40 g de beurre
150 g de lait
4 œufs pochés (méthode page 44)
10 g de fines herbes ciselées (persil, cerfeuil, ciboulette)
le jus de cuisson d'un poulet rôti ou d'un rôti de porc

Épluchez les pommes de terre, coupez-les en morceaux, mettez-les dans une casserole, recouvrez-les d'eau froide, ajoutez une pincée de sel et mettez à cuire à petit bouillon. Après une vingtaine de minutes, vérifiez la cuisson avec la pointe d'un couteau. Si les pommes de terre sont tendres, égouttez-les et passez-les au moulin à légumes ou au tamis. Mettez-les dans une casserole à feu doux, incorporez à la spatule le beurre, puis le lait bouillant, et assaisonnez au goût en sel.

Mettez les œufs pochés à réchauffer dans de l'eau bouillante pendant 30 secondes, puis égouttez-les bien et roulez-les ensuite dans les fines herbes. Répartissez la purée dans quatre assiettes creuses, faites un petit creux avec le dos d'une cuillère dans le milieu de la purée, placez-y un œuf, versez le jus de poulet ou de porc autour des œufs et tout autour de la purée. Servez aussitôt.

Un plat qui me ramène à mon enfance! Les jours où maman avait la fortune de nous cuire un poulet ou un rôti de porc, elle gardait précieusement une partie du jus de cuisson qu'elle nous servait un ou deux jours après pour en faire notre repas…

Recette illustrée à la page précédente

Salade César

Pour : 4 personnes **Préparation** : 10 minutes

12 filets d'anchois en boîte
un peu de lait
2 salades romaines
2 tranches de pain de mie blanc
60 g de beurre clarifié ou d'huile d'arachide
$^1/_2$ dose de sauce César (voir p. 294)
100 g de parmesan
4 œufs pochés (voir page 44)
10 g de persil frisé haché

Trempez les filets d'anchois dans du lait froid pendant 30 minutes afin de les dessaler.

Coupez les bases « trognons » des salades romaines. N'utilisez pas les feuilles extérieures les plus vertes, et coupez le reste des feuilles horizontalement dans le sens de la hauteur, de façon à obtenir des tronçons de 4 cm. Lavez-les à l'eau froide, égouttez-les et assurez-vous que toute trace d'eau est bien éliminée. Réservez au réfrigérateur.

Parez les tranches de pain de leur croûte, puis taillez des croûtons de 1 cm de côté. Dans une poêle, faites chauffer le beurre clarifié ou l'huile d'arachide et faites dorer les croûtons. Égouttez-les aussitôt dans une passoire et réservez-les sur du papier absorbant.

Dans un grand bol, placez la salade romaine, versez la vinaigrette César et mélangez délicatement mais parfaitement.

Répartissez la salade en dôme dans quatre assiettes mi-creuses très froides. Parsemez les croûtons et le parmesan, préalablement coupé en copeaux à l'économe, sur les dômes de salade. Arrangez trois filets d'anchois par assiette, roulez les œufs pochés dans le persil haché et disposez-en un au milieu de chaque salade. Servez aussitôt.

Recette illustrée à la page 295

Œuf poché niché dans un potage santé

Pour : 6 à 8 personnes **Préparation :** 15 minutes **Cuisson :** 10 minutes

1 kg de tomates bien mûres
1 salade de laitue de 400 g environ
60 g de beurre
1,25 l d'eau ou de fond de volaille
150 g de pommes de terre épluchées et coupées en cube
80 g de crème double (facultative)
6 ou 8 œufs pochés (méthode page 44)
sel et poivre du moulin

Émondez et épépinez les tomates. Réservez quelques losanges pour la garniture et coupez le reste en morceaux. Épluchez la laitue et lavez-la à l'eau froide. Ciselez finement 2 ou 3 feuilles et réservez-les avec les petits losanges de tomates. Coupez le reste de la laitue en chiffonnade.

Mettez le beurre à fondre dans une casserole, et faites suer la chiffonnade de laitue pendant 3 à 4 minutes à feu moyen. Ajoutez les morceaux de tomates, l'eau ou le fond de volaille et les pommes de terre. Amenez à ébullition et cuire à feu moyen pendant 8 à 10 minutes. Versez en plusieurs fois dans le mixer, mixez pendant 2 minutes puis passez au chinois dans une autre casserole. Assaisonnez au goût en sel et poivre.

Mettez les œufs pochés à tiédir dans de l'eau bouillante pendant quelques secondes, puis égouttez-les. Placez-en un au milieu de chaque assiette et répartissez le potage autour de chaque œuf. Parsemez la surface de chaque potage d'un peu de laitue ciselée et des losanges de tomate. Servez très chaud.

Un potage nourrissant et très sain. Vite conçu, il régalera vos convives. J'ajoute en hiver un peu de crème que je verse en filet dans chaque assiette.

Œufs pochés sur tarte fine à l'oignon

Pour : 4 personnes **Préparation :** 25 minutes **Cuisson :** 1 h 30

Quelquefois j'ajoute à la crème et aux oignons un petit peu de fromage de chèvre. Ce dernier donne une note définitivement plus goûteuse et onctueuse à ce plat.

100 g de beurre
2 gros oignons blancs d'un poids total de 500 g environ, finement hachés
150 g de crème double
4 brindilles de thym et quelques miettes
poivre concassé et sel
350 g de feuilletage acheté dans le commerce ou de pâte brisée (recette page 194)
un peu de farine pour abaisser la pâte
4 petits œufs ou de poule naine, pochés (voir méthode page 44)

Dans une casserole à fond épais, mettez le beurre à fondre à feu doux. Ajoutez les oignons et laissez cuire toujours à feu doux pendant 45 minutes tout en remuant toutes les 10 minutes. Versez alors la crème double puis les miettes de thym et laissez mijoter pendant une vingtaine de minutes. Assaisonnez au goût en sel et poivre et réservez dans une terrine à température ambiante.

Préchauffez le four à 170 °C. Sur un marbre ou une surface de travail légèrement farinée, abaissez le feuilletage ou la pâte brisée d'une épaisseur d'environ 3 mm. Découpez à l'emporte-pièce uni de 12 cm de diamètre, quatre ronds et disposez-les sur une plaque à pâtisserie. Réservez au réfrigérateur une vingtaine de minutes.

Avec la pointe d'une fourchette, piquez 4 ou 5 fois chaque rond de pâte. Répartissez les oignons sur ces dernières et étalez-les de façon régulière. Enfournez et laissez cuire à 170 °C pendant 25 à 30 minutes. Vérifiez la cuisson en s'assurant que la pâte en dessous des tartes soit bien cuite et croustillante.

Dans un bol, versez délicatement de l'eau bouillante et mettez-y les œufs pochés à chauffer pendant 30 secondes, puis égouttez-les et placez-en un au centre de chaque tarte fine à l'oignon. Arrangez une brindille de thym sur chaque œuf et servez sur des assiettes individuelles bien chaudes, elles n'en seront que meilleures.

Œufs sur le Plat, à la Poêle, Frits

J'ai horreur des œufs sur le plat ou cuits à la poêle, baignant dans le beurre ou l'huile. Ils ne sont pas sains. Je les trouve indigestes et écœurants. L'utilisation d'un pinceau trempé dans un beurre fondu ou pommade pour enduire d'un film le récipient de cuisson, est amplement suffisant. C'est la méthode que je préconise, ainsi que l'utilisation d'une poêle à revêtement non adhésif. Cette méthode de cuisson ne permet toutefois pas d'obtenir des œufs croustillants. Pour ceux qui les préfèrent ainsi, je leur conseille de suivre la technique de l'œuf frit. L'œuf, cuit dans un bain d'huile, est croustillant à souhait. Le mariage de saveurs par excellence pour l'œuf sur le plat est, à mon goût, celui du bacon ou du lard. L'œuf à cheval sur un steak haché me donne faim rien que de le mentionner, tandis que l'œuf sur le plat aux morilles me fait craquer.

Œufs à la poêle

Pour les œufs à la poêle, utilisez si possible une poêle antiadhésive.

Mettez la poêle à chauffer et dès qu'elle est tiède, badigeonnez-la d'un film de beurre pommade.

Lorsque la poêle est chaude, versez délicatement un œuf à la fois dans la poêle. Pour cette opération, je recommande de casser un œuf dans un petit ramequin ou un petit pot et ensuite de le transférer dans la poêle.

Une fois cuits, il suffira d'utiliser la palette pour servir les œufs. Salez et poivrez au moment de servir.

Si on désire une cuisson plus poussée dessus tout comme dessous, on couvrira la poêle pendant trente secondes à une minute. J'utilise cette méthode plutôt que de retourner l'œuf à la palette, car il y a ainsi moins de risques de percer ou de crever le jaune d'œuf.

Œufs à la poêle et au jambon blanc

Pour : 2 personnes **Préparation** : 3 minutes **Cuisson** : 3 à 5 minutes, selon la cuisson désirée

30 g de beurre
2 petites tranches de jambon blanc coupé à l'os de préférence
2 œufs
sel, poivre du moulin

Dans une poêle antiadhésive de préférence, mettez le beurre à fondre à feu doux. Déposez-y le jambon, et retournez les tranches après une minute de cuisson, juste le temps de le tiédir. Cassez un œuf dans un ramequin et versez-le ensuite délicatement sur une tranche de jambon. Renouvelez la même opération avec le deuxième œuf et versez-le sur l'autre tranche de jambon. Continuez de cuire à feu doux et selon la méthode des œufs poêlés page 62.

Glissez une palette sous chaque tranche de jambon surmontée d'un œuf et placez-la sur une assiette. Salez légèrement et poivrez au goût.

Un grand classique si simple et si souvent maltraité. Le jambon est frit, voire brûlé et desséché. La réussite de ce mets réside dans un jambon de qualité et une cuisson très douce.

Œufs de caille poêlés sur toasts grillés, avec de la sauce hollandaise moutardée

Pour : 6 personnes **Préparation :** 10 minutes

2 tranches de pain de mie
30 g de beurre pommade
1 cuil. à café de vinaigre de vin blanc
2 cuil. à potage d'huile d'arachide
sel et poivre du moulin
60 g de salade de mâche épluchée, rincée et égouttée
6 œufs de caille
10 cl de sauce hollandaise moutardée (recette page 281)

Découpez à l'emporte-pièce six ronds de 4 cm dans les tranches de pain de mie. Mettez-les à griller sous la salamandre, enduisez-les au pinceau de beurre pommade sur un côté et réservez-les au chaud.

Mélangez le vinaigre à l'huile d'arachide, assaisonnez avec un peu de sel et de poivre et ajoutez cette vinaigrette à la salade de mâche.

Placez un toast rond sur chaque petite assiette. Poêlez les œufs de caille (voir méthode page 62), découpez-les une fois cuits à l'emporte-pièce uni de 4 cm de diamètre. Déposez un œuf de caille poêlé sur la face beurrée, nappez partiellement les œufs d'un peu de sauce hollandaise moutardée. Servez une cuillère pleine de sauce d'un côté de l'assiette et arrangez de l'autre côté un bouquet de mâche. Servez aussitôt.

On peut servir deux ou trois œufs de caille par personne. Toutefois, dans ce cas-là, ce plat deviendra plutôt un hors-d'œuvre.

Des pommes frites, une pomme de terre mousseline, des haricots verts ou une salade verte seront de parfaits accompagnements pour ce plat tonifiant. Afin d'apprécier pleinement les saveurs de la viande, il sera préférable d'éviter toute sauce ou condiment.

Œuf à cheval sur steak haché

Pour : 4 personnes **Préparation :** 10 minutes **Cuisson :** 4 à 8 minutes, selon le goût

600 g de viande de bœuf, dénervée et dégraissée, de préférence dans le rumsteck, le contre-filet ou la tranche grasse
sel et poivre du moulin
60 g d'huile d'arachide ou de beurre clarifié
4 œufs moyens

Passez la viande à la machine à hacher avec la grille fine, ou mieux encore coupez-la au couteau le plus finement possible. Assaisonnez-la au goût en sel et poivre. Placez un emporte-pièce uni d'environ 8 cm sur un papier film et disposez-y un quart de la viande, poussez la viande hachée avec le dos d'une cuillère puis retirez délicatement le cercle. Renouvelez la même opération trois autres fois de façon à obtenir quatre steaks hachés.

Dans une poêle ou sur le gril, versez l'huile ou le beurre clarifié. Placez les steaks et faites cuire à feu vif en début de cuisson de façon à bien les saisir sur les 2 côtés pendant 1 à 2 minutes, puis réduisez l'intensité de la source de chaleur selon vos goûts. Un steak saignant demandera 3 à 4 minutes de cuisson et il suffira de le cuire 2 à 3 minutes de plus pour une cuisson à point.

Cuisez les œufs à la poêle selon la méthode page 62 dans un emporte-pièce de 5 cm de diamètre.

À l'aide d'une palette, placez délicatement un œuf à la poêle au milieu de chacun des steaks hachés, puis dressez-les sur assiette. Servez aussitôt.

Œufs sur le plat

Au pinceau, beurrez légèrement l'intérieur du plat au beurre pommade.

Placez le plat sur une source de chaleur indirecte, versez un ou deux œufs dans le plat selon la grandeur de ce dernier.

Pour cette opération, je recommande de casser un œuf dans un petit ramequin ou un petit pot et ensuite de le transférer dans le plat.

Dès que la cuisson est atteinte, soit après 3 à 4 minutes, et selon vos goûts, servez dans le plat de cuisson. Si on le souhaite, on peut mettre l'œuf au plat sous la salamandre ou le gril pendant 20 secondes afin de cuire le jaune un soupçon de plus.

Œufs sur le plat avec du beurre blanc au persil simple

Pour : 4 personnes

8 œufs
60 g de beurre pour beurrer le plat
pour le beurre blanc
30 g d'échalote
15 cl de vin blanc sec
1 cuil. à potage de crème double
60 g de beurre
10 g de persil ciselé

Hachez finement l'échalote. Mettez-la dans une petite casserole avec 15 cl de vin blanc sec.

Mettez les échalotes dans une petite casserole avec le vin blanc. Laissez réduire des deux-tiers à feu moyen, puis ajoutez une cuillère à potage de crème double pour donner un bouillon. Incorporez alors 60 g de beurre en petits morceaux tout en fouettant puis hors du feu ajoutez 10 g de persil plat ciselé. Assaisonnez au goût en sel et poivre.

Préparez les œufs au plat nature selon la méthode page 70. À la cuillère à potage, nappez de ce délicieux beurre blanc les œufs sur le plat lorsqu'ils sont cuits, juste avant de les servir.

Ce plat est tout simplement délicieux et facile à réaliser. Le petit côté acide du beurre blanc coupe la richesse du jaune d'œuf et en relève les saveurs.

Œufs sur le plat à l'oseille et coulis de tomates

Pour : 2 personnes **Préparation :** 10 minutes **Cuisson :** 3 à 5 minutes selon les goûts

12 feuilles d'oseille, petites et tendres
30 g de beurre pommade
4 œufs
Pour le coulis de tomates
1 grosse tomate bien mûre, émondée et épépinée, coupée en dés
2 ½ cuil. à soupe d'huile d'olive
1 petite gousse d'ail écrasée et hachée
1 brindille de thym
sel et poivre

Commencez par le coulis de tomates. Dans une petite casserole, mettez les dés de tomate, l'huile d'olive, l'ail et le thym et faites cuire à feu doux. Dès que la tomate est cuite, après 10 minutes environ, retirez le thym et passez au mixer pendant quelques secondes. Assaisonnez en sel et poivre et réservez au chaud.

Coupez deux des feuilles d'oseille en une fine julienne.

Beurrez au pinceau avec le beurre pommade le fond de deux plats à œufs. Arrangez-y 10 feuilles d'oseille, puis mettez les plats sur une source de chaleur indirecte à feu moyen. Dès que l'oseille commence à chauffer et se « flétrit », cassez deux œufs l'un après l'autre dans un ramequin puis versez-les successivement dans un des plats. Renouvelez la même opération avec les deux autres œufs dans le deuxième plat. Cuisez selon la méthode des œufs sur le plat page 70.

Servez les œufs dans leur plat de cuisson. Versez le coulis de tomates en bordure de ces derniers, salez et poivrez au goût et parsemez de la julienne d'oseille crue. Servez aussitôt.

Ce plat est un délice : frais et un peu acide de par l'oseille, moelleux de par l'œuf et relevé grâce au condiment naturel qu'est la tomate.

Œufs sur le plat aux pointes d'asperges et son coulis

Pour: 4 personnes **Préparation**: 10 minutes **Cuisson**: 10 minutes pour le coulis

24 petites asperges
sel et poivre du moulin
40 g de beurre plus 60 g de beurre pommade
1 échalote finement hachée
8 œufs
1 cuil. à potage de feuilles de persil plat ciselées

Voilà un œuf qui ravira les petits et les grands. Tout le monde aime les asperges et l'œuf se marie très bien avec ces dernières.

Épluchez les asperges à l'économe, coupez les têtes en laissant à peu près 3 cm des queues et coupez le reste des queues en petits dés. Faites cuire les têtes à l'eau bouillante salée pendant 1 à 2 minutes, selon que vous les aimez croquantes ou juste fermes. Rafraîchissez-les et réservez.

Mettez le beurre à fondre à feu doux dans une petite casserole. Ajoutez l'échalote puis les dés de queues d'asperges et faire suer à couvert à feu très doux pendant 3 minutes. Ajoutez 10 cl d'eau puis cuire à feu moyen pendant 5 minutes de plus. Passez au mixer et ensuite au chinois dans une petite casserole. Si le coulis n'est pas assez épais, mettez à réduire à feu doux pendant quelques minutes. Il devra napper légèrement le dos d'une cuillère. Assaisonnez au goût en sel et poivre. Réservez au chaud.

Beurrez légèrement au pinceau avec le beurre pommade l'intérieur de quatre plats à œuf. Mettez six pointes d'asperges sur la bordure de chaque plat. Cassez deux œufs l'un après l'autre dans un ramequin puis versez-les successivement dans un des plats. Renouvelez la même opération avec les autres œufs. Cuisez selon la technique de cuisson des œufs sur le plat page 70.

Placez un plat sur chaque assiette, versez un petit peu du coulis d'asperges en bordure des plats sur les pointes d'asperge. Parsemez du persil ciselé et servez le reste du coulis à part dans une petite saucière.

Œufs sur le plat aux morilles

Pour : 4 personnes **Préparation :** 10 minutes **Cuisson :** 4 à 7 minutes pour les morilles

400 g de morilles fraîches
ou 100 g de morilles séchées
60 g de beurre
1 échalote finement hachée
2 cuil. à potage de crème double
sel et poivre du moulin
60 g de beurre pommade
8 œufs
5 g de peluches de cerfeuil ciselées

Un mets aux saveurs divines surtout lorsqu'il est préparé à la saison des morilles fraîches. Un hors-d'œuvre parfait pour un grand déjeuner de fête.

Au petit couteau, parez légèrement les morilles fraîches, éliminez un peu des queues, fendez les plus grosses en leur milieu. Rincez-les à l'eau froide, assurez-vous qu'il ne reste aucune trace de sable puis égouttez-les. Si vous utilisez des morilles séchées, mettez-les dans un grand bol et recouvrez-les généreusement d'eau bouillante. Après deux heures, égouttez-les.

Dans une poêle à feu moyen, mettez les morilles à cuire avec 60 g de beurre pendant environ 4 à 6 minutes pour des morilles fraîches ou 3 à 4 minutes pour les morilles séchées. Ajoutez alors l'échalote et laissez cuire à feu doux pendant une minute. Mettez la crème et cuire pendant 30 secondes de plus. Réservez au chaud. Assaisonnez au goût.

Beurrez légèrement au pinceau avec le beurre pommade l'intérieur de quatre plats à œuf. Cassez deux œufs l'un après l'autre dans un ramequin puis les versez-les successivement dans un des plats. Renouvelez la même opération avec les autres œufs. Cuisez selon la technique de cuisson des œufs sur le plat page 70.

Placez deux œufs sur le plat sur chaque assiette, répartissez les morilles en cordon en bordure du plat et parsemez les jaunes et les blancs d'œufs de cerfeuil ciselé.

Œufs frits

Remplissez une petite casserole aux deux tiers d'huile d'arachide et faites chauffer à 180 °C à feu moyen.

Cassez l'œuf dans un petit ramequin ou un petit pot, puis versez-le délicatement dans l'huile à 180 °C.

Au bout de quelques secondes, ce dernier commence à frire.

Au moyen de deux spatules, ramenez alors aussitôt sur eux-mêmes les blancs d'œufs qui ont un peu tendance à s'étaler, afin de redonner une forme ronde à l'œuf.
Après une minute, à l'écumoire, retournez-le afin d'obtenir une cuisson bien régulière.

Après $1\frac{1}{2}$ à 2 minutes, selon vos goûts, l'œuf sera croustillant à l'extérieur et le jaune légèrement moelleux.

Retirez-le de l'huile à l'écumoire et posez-le sur un papier absorbant. Servez-le aussitôt que possible, il n'en sera que meilleur.

Œufs frits dans un nid d'aubergines grillées

Pour : 4 personnes **Préparation :** 10 minutes **Cuisson :** 5 minutes environ

2 aubergines longues, de 250 g environ chacune
5 cl d'huile d'olive
sel
15 cl d'huile d'arachide
20 g de persil frisé, lavé, équeuté et bien séché
4 œufs larges de 60 g environ de préférence, frits (voir méthode page 78)

1 poêle à griller ou un barbecue

Lavez et essuyez les aubergines. Au couteau bien tranchant, taillez dans le sens de la longueur des bandes de 4 à 5 mm d'épaisseur environ, en éliminant la première et la dernière tranche de chaque aubergine. Placez-les dans un plat, badigeonnez-les au pinceau d'huile d'olive et salez légèrement.

Placez les tranches d'aubergines, 3 ou 4 à la fois, sur une poêle à griller préchauffée et très chaude. Tournez-les d'un quart de tour après une minute, afin d'obtenir un beau quadrillage. Effectuez la même opération sur l'autre face, et réservez les bandes sur un plat couvert d'un papier sulfurisé dans un endroit tiède.

Dans une casserole, mettez l'huile d'arachide à chauffer. Lorsque cette dernière atteint une température de 160 °C environ, c'est-à-dire lorsqu'elle est très chaude, plongez le persil bien séché, et remuez à l'écumoire. Après une minute, retirez le persil de l'huile à l'aide de l'écumoire. Le persil doit être frit et croustillant. Réservez-le sur un papier absorbant.

Sur quatre assiettes, répartissez les tranches d'aubergines en cercle, de façon qu'elles forment une sorte de nid. Placez au centre de chaque cavité « nid » un œuf frit et saupoudrez le tout de persil frit. Servez aussitôt.

Œufs frits sur pommes darphin aux pousses d'épinards

Pour : 4 personnes **Préparation :** 10 minutes **Cuisson :** 6 à 8 minutes

250 g de pommes « désirée »
ou d'une variété similaire
sel et poivre du moulin
1 cuil. à potage de vinaigre de vin rouge
3 cuil à potage d'huile d'arachide
80 g de beurre clarifié (ou d'huile d'arachide)
4 œufs
40 g environ de petites feuilles tendres
d'épinards, lavées et égouttées
150 g de condiment « salsa à la poire »
(facultatif)

Lavez les pommes de terre et épluchez-les, puis taillez-les à la mandoline en fine julienne. Mettez-les dans un saladier sans les laver afin qu'elles conservent bien leur amidon, salez-les légèrement et laissez-les telles quelles pendant 3 à 4 minutes.

Mélangez le vinaigre à trois cuillères d'huile d'arachide, salez et poivrez légèrement.

Dans 4 petites poêles d'environ 10 cm de diamètre, mettez à chauffer le beurre ou l'huile d'arachide. Dans un torchon, pressez la julienne de pommes de terre afin d'éliminer l'excès d'eau qu'elle a rejeté. Répartissez les pommes de terre dans la matière grasse, étalez-les de façon uniforme, pressez-les légèrement à l'aide d'une palette, et cuisez à feu moyen. Une fois dorées, c'est-à-dire après 3 à 4 minutes, retournez-les à la palette et laissez cuire pendant 3 à 4 minutes de plus. Réservez-les au chaud sur du papier absorbant.

Chauffez le beurre clarifié dans une casserole appropriée et faites frire les œufs suivant la méthode de la page 78.

Mélangez les feuilles d'épinards délicatement à la vinaigrette. Disposez une pomme darphin sur chaque assiette, surmontez d'un œuf frit, répartissez les feuilles d'épinards autour de l'œuf en bordure des darphins. Servez aussitôt avec à part le condiment, si utilisé.

Œufs frits sur salade de pissenlits et rouelles d'oignons frits

Pour : 4 personnes **Préparation :** 10 minutes

400 g de salade de pissenlits jaunes ou verts bien tendres
6 cuil. à potage d'huile d'arachide
2 cuil. à potage de vinaigre de vin blanc
sel et poivre du moulin
1 gros oignon blanc, épluché et taillé en fines rouelles
20 cl d'huile d'arachide pour la cuisson des oignons
10 cl de lait
50 g de farine mélangée avec une pincée de sel et une pointe de paprika
4 œufs
30 g d'échalotes finement hachées

Épluchez les pissenlits, lavez-les à l'eau très froide, égouttez-les et réservez-les au réfrigérateur.

Mélangez l'huile d'arachide au vinaigre, salez et poivrez au goût.

Mettez à tremper les rouelles d'oignons dans le lait froid pendant 5 minutes, puis égouttez-les et saupoudrez-les très légèrement de farine. Mettez l'huile d'arachide dans une poêle, et portez la température à 180 °C. Plongez-y les rouelles d'oignon et faites-les cuire jusqu'à ce que ceux-ci soient dorés à souhait et croustillants. Égouttez-les et réservez-les sur du papier absorbant.

Faites frire les œufs suivant la méthode page 78.

Mélangez les pissenlits à la vinaigrette et à l'échalote hachée. Répartissez-les entre quatre assiettes mi-creuses. Placez un œuf frit bien chaud au centre, puis arrangez quelques rouelles d'oignon frites autour. Servez immédiatement.

Un hors-d'œuvre que j'adore. Le croquant de l'œuf et l'oignon s'associent parfaitement à la texture du pissenlit et change de la salade classique rustique de pissenlits au lard.

Œufs Brouillés

Mon frère Albert utilise la méthode classique qui consiste à les cuire au bain-marie, tandis que je préfère une méthode plus moderne et rapide et je les cuis à feu doux sur une source de chaleur indirecte (diffuseur). Cette méthode de préparation de l'œuf est la plus fine. Ainsi préparé, il peut être servi au petit-déjeuner, à déjeuner ou pour un brunch. On peut les servir sur une assiette mais également dans une timbale en argent, sur un toast ou même à l'intérieur d'un pain pita. Je les sers également froids dans des tacos, mélangés à des fines herbes ciselées, des tomates concassées et des oignons rouges hachés. En saison, la truffe lui donnera des lettres de noblesse. Il suffit de quelques pelures ou brisures crues de préférence qu'on laisse macérer dans les œufs pendant quelques heures. On cuit ensuite les œufs et on obtient le plat par excellence qui fera rêver le plus gourmet des gourmets. Je vous conseille vivement d'essayer toutes les recettes proposées dans ce chapitre. Ce sont mes préférées, elles suivent les saisons et elles surprendront la famille et les amis.

Œufs brouillés

Pour : 2 personnes

Pour une quantité de 4 œufs servis en hors-d'œuvre ou 6 œufs en plat principal

Dans une sauteuse à fond épais de préférence, mettez 40 g de beurre à fondre à feu doux sur une source de chaleur indirecte ou au bain-marie. Dans un bol, cassez les œufs, assaisonnez en sel et poivre, puis battez-les très légèrement à la fourchette et versez-les ensuite dans la sauteuse contenant le beurre fondu chaud mais pas brûlant. Faites cuire à feu doux tout en remuant doucement et presque continuellement à la spatule en bois.

Il faudra compter 3 à 4 minutes pour obtenir des œufs pris mais très crémeux. La cuisson au bain-marie demandera 6 minutes. Il suffira de cuire pendant 2 minutes de plus si vous désirez des œufs plus fermes.

Une fois la cuisson désirée atteinte, ajoutez deux petites cuillères à soupe de crème ou une noix de beurre, ou servez-les tels quels selon vos goûts.

L'œuf brouillé est nettement meilleur lorsqu'on le sert dans les minutes suivant sa cuisson. Toutefois on peut le garder jusqu'à 30 minutes dans un bain-marie d'eau à 50 °C environ, recouvert d'un papier film.

Œufs brouillés Magda sur toasts

Pour : 2 personnes **Préparation** : 10 minutes **Cuisson** : 2 minutes

3 tranches de pain de mie blanc de 12 cm de côté et d'1 cm d'épaisseur
80 g de beurre clarifié
40 g de beurre
4 œufs
2 petites cuil. à soupe de crème double, qu'on ajoutera en fin de cuisson des œufs
sel et poivre du moulin
1 cuil. à soupe de persil plat ciselé
1 cuil. à soupe de ciboulette ciselée
1 cuil. à soupe de moutarde de Dijon extra forte
4 feuilles de persil plat
30 g de gruyère râpé

Parez les tranches de pain de mie en éliminant la croûte sur leurs quatre côtés, puis coupez-les en diagonale. Dans une poêle, mettez le beurre clarifié à chauffer à feu moyen. Une fois chaud, faites-y dorer les triangles de pain de mie. Réservez-les au chaud sur du papier absorbant.

Dans une casserole à fond épais, mettez le beurre à fondre puis ajoutez les œufs, et procédez selon la technique de cuisson page 88. Ajoutez la crème en fin de cuisson. Assaisonnez au goût en sel et poivre. Ajoutez ensuite la moutarde, les fines herbes et le gruyère râpé. Ajustez l'assaisonnement selon vos goûts.

Arrangez trois triangles toastés par assiette en les faisant se chevaucher légèrement (voir photo ci-contre). Répartissez dessus à la cuillère les œufs brouillés, disposez deux feuilles de persil plat pour relever la présentation et servez aussitôt.

Des œufs brouillés qui ont du caractère et qui sont particulièrement appréciés pour un petit-déjeuner hivernal. J'adore le contraste entre le croustillant des toasts cuits au beurre et le moelleux bien relevé des œufs.

Œufs brouillés « Cendrillon »

Pour : 8 personnes **Préparation :** 20 minutes **Cuisson :** 15 minutes environ (pour les pommes de terre)

32 petites pommes de terre nouvelles, de préférence Charlotte, soit environ 400 g
sel et poivre du moulin
80 g de beurre
8 œufs
4 petites cuil. à soupe de crème
30 g de caviar Sevruga
30 g d'œufs de lump
60 g d'œufs de saumon

Lavez les pommes de terre à l'eau froide, puis mettez-les dans une casserole, recouvrez d'eau froide salée et mettez-les à cuire pendant environ 15 minutes. Vérifiez alors leur cuisson en piquant l'une d'elle avec la pointe d'un couteau. Arrêtez la cuisson et versez un peu d'eau froide dans la casserole afin de permettre l'arrêt complet de la cuisson. Réservez à température ambiante. Une fois complètement refroidies, égouttez les pommes de terre, essuyez-les puis découpez au couteau un chapeau d'$^1/_2$ cm d'épaisseur sur chaque pomme de terre. À l'aide d'une cuillère à café, évidez chaque pomme de terre en laissant 5 mm environ de chair sur la peau, salez et poivrez légèrement à l'intérieur, couvrez-les d'un papier-film et réservez-les à température ambiante.

Dans une casserole à fond épais, mettez le beurre à fondre puis ajoutez les œufs, et procédez selon la technique de cuisson page 88. Ajoutez la crème en fin de cuisson. Assaisonnez au goût en sel et en poivre. Versez les œufs brouillés dans un saladier. Placez ce dernier sur des glaçons mélangés à un peu d'eau froide. Remuez les œufs toutes les deux ou trois minutes et dès qu'ils sont froids, retirez-les de l'eau glacée.

Remplissez chaque pomme de terre généreusement d'œufs brouillés, puis disposez 3 g environ de caviar, d'œufs de lump ou de saumon sur le dessus des œufs brouillés, selon vos goûts. Arrangez-les sur un plat si vous les servez en guise de canapés ou présentez 4 petites pommes de terre par assiette en guise d'hors d'œuvre.

Recette illustrée à la page précédente

Œufs brouillés en papillote de saumon fumé

Pour : 4 personnes

4 belles tranches de saumon fumé de 120 g environ chacune
15 g d'aneth
80 g de beurre
8 œufs
4 cuil. à soupe de crème
sel et poivre du moulin
1 citron coupé en quatre segments

J'adore le contraste du chaud et du moelleux des œufs par rapport à la chair mi-ferme et goûteuse du saumon fumé. Un plat parfait pour un brunch ou un déjeuner, servi avec une salade de concombre bien citronnée en accompagnement.

Parez les quatre tranches de saumon fumé afin d'obtenir 4 rectangles ou carrés. Réservez-les sur une assiette à température ambiante. Coupez les parures du saumon en petits dés et réservez-les dans un bol. Mettez de côté pour la présentation 4 beaux brins d'aneth. Ciselez le reste de l'aneth et réservez-le avec les dés de saumon.

Dans une casserole à fond épais, mettez le beurre à fondre puis ajoutez les œufs et procédez selon la technique de cuisson des œufs brouillés page 88. Ajoutez la crème en fin de cuisson puis les dés de saumon et l'aneth ciselé. Assaisonnez au goût en sel et poivre.

Placez les quatre tranches de saumon fumé sur une feuille de papier film. Répartissez au centre de ces dernières les œufs brouillés et ramenez les côtés de chaque rectangle ou carré de saumon sur les œufs. Retournez la papillote.

À l'aide d'une palette, placez une papillote sur chaque assiette. À l'aide d'un petit couteau bien tranchant, incisez sur 5 cm un peu du dessus de chaque papillote afin de laisser apparaître un peu des œufs. Arrangez un brin d'aneth dans l'incision sur les œufs. Placez un segment de citron sur chaque assiette et servez aussitôt.

Œufs brouillés au crabe et pointes d'asperges

Pour : 4 personnes **Préparation :** 15 minutes

36 petites asperges
80 g de beurre
8 œufs
4 petites cuil. à soupe de crème
sel et poivre du moulin
8 pinces de crabes précuites
ou 160 g de chair de crabe précuite
5 g de ciboulette coupée en bâtonnets

Lorsque j'obtiens des crabes dormeurs vivants, j'utilise toujours, après les avoir cuits, la partie jaune verdâtre crémeuse qui est située dans la coque du crabe. Je l'écrase à la fourchette, y ajoute un soupçon de crème, l'assaisonne en sel et poivre et la tiédis légèrement. Je l'étale ensuite en couche fine sur l'assiette et je verse dessus les œufs brouillés avant de finir le mets comme mentionné ci-dessus.

Épluchez les asperges à l'économe, et gardez environ 4 cm de la queue attachée à la pointe. Faites-les cuire à l'eau bouillante salée pendant 2 à 3 minutes : les asperges doivent être fermes mais pas croquantes. Rafraîchissez-les puis réservez-les à température ambiante.

Dans une casserole à fond épais, mettez le beurre à fondre puis ajoutez les œufs, et procédez selon la technique de cuisson page 88. Ajoutez la crème en fin de cuisson. Assaisonnez au goût en sel et poivre.

À la vapeur, mettez les pinces ou la chair de crabe à chauffer pendant 2 ou 3 minutes, puis ajoutez les pointes d'asperges pendant une minute, juste le temps de les réchauffer.

Répartissez les œufs brouillés sur 4 assiettes. Placez ensuite au centre deux pinces de crabes puis disposez 9 pointes d'asperge un peu comme des rayons de soleil. Parsemez des bâtonnets de ciboulette et servez aussitôt.

Œufs brouillés Clamart

Pour : 4 personnes **Préparation** : 5 minutes

12 petits mange-tout
100 g de petits pois frais écossés ou congelés,
1 demie laitue de pleine terre si possible
ou 6 à 8 feuilles extérieures de laitue
100 g de beurre
8 œufs
4 petites cuil. à soupe de crème
sel et poivre du moulin

Coupez les mange-tout en forme de diamant, et ensuite plongez-les quelques minutes dans de l'eau bouillante, ils doivent rester croquants. Égouttez-les, rafraîchissez-les à l'eau froide et réservez. Plongez les petits pois dans l'eau bouillante, jusqu'à ce qu'ils soient tendres ; égouttez-les, rafraîchissez-les et réservez.

Lavez la laitue à l'eau froide et ciselez-la en julienne. Mettez-la à suer à feu doux dans une casserole avec 20 g de beurre pendant une ou deux minutes, puis réservez au chaud.

Dans une casserole à fond épais, mettez le beurre à fondre puis ajoutez les œufs, et procédez selon la technique de cuisson page 88. Ajoutez la crème en fin de cuisson. Assaisonnez au goût en sel et poivre.

Mettez les petits pois et les mange-tout à chauffer pendant 20 secondes à l'eau bouillante, puis égouttez-les. Mélangez les petits pois ainsi que la julienne de laitue aux œufs brouillés. Répartissez sur 4 assiettes et arrangez ensuite les diamants de mange-tout au milieu. Servez aussitôt.

Un plat à servir en hors-d'œuvre au printemps ou en début d'été de préférence, lorsque les premiers petits pois et mange-tout arrivent sur le marché. Un mets délicat et frais, voire même un peu sucré grâce à la douceur des légumes.

Œufs brouillés à la rhubarbe

Pour : 4 personnes **Préparation :** 10 minutes

200 g de rhubarbe bien tendre
100 cl d'eau
100 g de sucre semoule
2 tranches de pain de mie blanc d'un centimètre d'épaisseur
100 g de beurre clarifié
80 g de beurre
8 œufs
4 cuil. à soupe de crème
sel et poivre du moulin

J'ai créé ce plat voilà une vingtaine d'années et il figure de temps à autre sur la carte du Waterside Inn. La rhubarbe étant un fruit assez acide, elle s'associe parfaitement bien à l'œuf. Le sirop de pochade rallongé à l'eau donnera une boisson agréable et rafraîchissante.

Pelez la rhubarbe si elle a une peau filandreuse et lavez-la à l'eau froide. Coupez-en les deux tiers en petits dés et le dernier tiers en bâtonnets ou en grosses allumettes.

Dans une casserole, mettez l'eau et le sucre à chauffer à feu doux. Dès l'ébullition, plongez-y les dés de rhubarbe pendant 30 secondes, puis retirez-les du sirop à l'aide d'une écumoire et réservez-les dans un bol dans un endroit tempéré. Assurez-vous que le sirop est toujours bouillant, plongez les bâtonnets de rhubarbe, et pochez-les à feu doux pendant 45 secondes à une minute. Ils devront être légèrement fermes. Égouttez et réservez dans un autre bol à température de la pièce.

Parez les deux tranches de leur croûte et coupez-les en gros dés de 12 cm de côté. Mettez le beurre clarifié dans une poêle et, à feu moyen, faites dorer les dés de pain de mie. On obtient ainsi des croûtons. Égouttez et réservez sur un papier absorbant.

Dans une casserole à fond épais, mettez le beurre à fondre puis ajoutez les œufs, et procédez selon la technique de cuisson page 88. Ajoutez la crème en fin de cuisson, puis les dés de rhubarbe. Assaisonnez au goût en sel et poivre.

Répartissez les œufs brouillés sur 4 assiettes, parsemez-les des bâtonnets de rhubarbe et des croûtons. Servez aussitôt.

Œufs brouillés à la portugaise

Pour : 4 personnes **Préparation :** 5 minutes **Cuisson :** 20 minutes (pour les tomates)

4 petites grappes de tomates cerise
(de 5 ou 6 tomates chacune)
5 cl d'huile d'olive
1 gousse d'ail émincée
sel et poivre du moulin
80 g de beurre
8 œufs
4 petites cuil. à soupe de crème
un peu de jus de poulet rôti,
ou de jus d'agneau ou de porc rôti
12 feuilles de persil plat

Préchauffez le four à 100 °C. Mettez à tremper les grappes de tomates à l'eau froide pendant 20 minutes. Égouttez-les, puis au pinceau enduisez-les généreusement à l'huile d'olive aillée. Saupoudrez-les d'un peu de sel, arrangez sur une grille placée sur une plaque de cuisson et enfournez pendant 20 minutes.

Dans une casserole à fond épais, mettez le beurre à fondre puis ajoutez les œufs, et procédez selon la technique de cuisson page 88. Ajoutez la crème en fin de cuisson. Assaisonnez au goût en sel et poivre.

Répartissez les œufs brouillés sur 4 assiettes mi-creuses de préférence. Placez au centre sur les œufs brouillés une grappe de tomates cerise, versez en cordon autour des œufs un peu de jus de poulet ou de viande, arrangez quelques feuilles de persil et servez aussitôt.

Le jus de viande apporte aux œufs brouillés une note de complexité profonde. Riche en saveurs mais rafraîchissant grâce à l'apport des tomates, ce mets sera parfait servi comme plat unique au déjeuner.

Œufs brouillés Masala

Pour : 2 personnes **Préparation :** 5 minutes

4 œufs
3 cl de lait
1 cuil. à soupe de coriandre finement haché
sel et poivre du moulin
30 g de beurre
30 g d'huile d'arachide
1 oignon rouge de 150 g environ, finement haché
1 petit piment vert fendu en deux
1 pincée de piment rouge en poudre
150 g de tomates émondées, épépinées et coupées en dés

Cassez les œufs dans un bol, fouettez avec le lait et la coriandre et salez un peu.

Faites cuire les œufs brouillés de préférence dans un wok ou dans une poêle à revêtement antiadhésif. Mettez le beurre et l'huile à chauffer. Mettez l'oignon à suer jusqu'à ce qu'il devienne rosé. Ajoutez le piment vert, débarrassé de sa peau blanche et de ses pépins et coupé en petits dés, le piment rouge en poudre, les tomates et laissez cuire pendant 3 à 4 minutes. Versez alors les œufs battus tout en remuant à la cuillère et faites cuire légèrement jusqu'à l'obtention d'un moelleux tendre, soit environ une minute.

Servez ces œufs brouillés dans un plat en terre ou dans des assiettes en poterie, avec en accompagnement des croissants tièdes.

Mon ami Rasoi Vineet Bhatia cuisine ces œufs brouillés divinement bien et j'adore les servir lorsque je suis en vacances, l'été, sous le ciel de Provence. C'est un peu de l'Inde qui frappe à ma porte et m'apporte de la sérénité.

Œufs en cocotte

Les œufs sont très délicats. Cuits au four au bain-marie, ils peuvent être préparés à l'avance et gardés « crus » dans leur ramequin au réfrigérateur. Je possède une vraie collection de ramequins, je peux ainsi varier mes présentations selon la recette que je sers et mes invités du moment. Il suffira de les enfourner quelques minutes avant que vos invités passent à table. J'adore toutes les recettes composant ce chapitre, mais ma préférée est celle aux truffes et à l'emmenthal. Elle m'a été donnée par un de mes plus fidèles ami pâtissier, Frédéric Jouvaud, ayant pignon sur rue à Carpentras. Son épouse, Nicole, ne manque jamais de me les préparer lorsque je leur rends visite chaque année à la fin janvier/début février à la saison des truffes. Naturellement, les truffes proviennent du mont Ventoux. Nicole en met quelques-unes dans un bocal hermétique avec les œufs 24 heures avant ma visite. Lorsqu'elle casse ensuite les œufs pour les mettre dans les ramequins, ils embaument des senteurs de truffes, délicieux !

Œufs en cocotte

Préchauffez le four à 170 °C.

Au pinceau trempé dans du beurre pommade, beurrez le fond des ramequins ainsi que les bords intérieurs, en s'arrêtant à un centimètre du rebord. Salez et poivrez légèrement.

Cassez un œuf dans chaque ramequin.

Déposez une petite cuillère à soupe de crème double sur le blanc d'œuf en prenant soin de ne pas en verser sur le jaune d'œuf.

Tapissez le fond d'un plat à rôtir mi-creux avec du papier sulfurisé. Arrangez-y les ramequins, puis versez doucement de l'eau bouillante entre ces derniers et jusqu'à mi-hauteur. Enfournez.

Après 10 à 12 minutes, vérifiez la cuisson : le blanc d'œuf doit être juste pris mais le jaune moelleux. Si toutefois vous préférez votre œuf un peu plus cuit, enfournez pendant deux ou trois minutes de plus.

Œufs en cocotte aux truffes et à l'emmenthal

Pour : 4 personnes **Préparation :** 5 minutes **Cuisson :** 20 minutes (pour les tomates)

4 œufs
60 g de truffes noires fraîches
6 cuil. à soupe de crème double
30 g de beurre pommade pour beurrer les moules
sel et poivre du moulin
60 g d'emmenthal ou de comté râpé

Un des grands favoris de ma clientèle du Waterside Inn. Je ne le sers que pendant la saison des truffes fraîches, c'est-à-dire de décembre à février. J'avoue avoir un faible pour cet incroyable œuf. Les soirs du réveillon du Nouvel An, je le sers souvent à mes invités, à la maison au coin du feu.

Mettez les quatre œufs dans un bocal avec la truffe, fermez-le hermétiquement et réservez au réfrigérateur pendant au moins 24 heures (48 heures si possible). Une fois ce laps de temps écoulé, émincez la ou les truffes le plus finement possible. Dans une petite casserole, mettez la crème fraîche à chauffer. Dès l'ébullition, plongez-y les lamelles de truffe, arrêtez la source de chaleur, remuez à la cuillère les lamelles de truffe dans la crème, puis réservez à couvert à température ambiante.

Au pinceau trempé dans le beurre pommade, beurrez quatre moules à œuf cocotte de 8 cm de diamètre par 4 cm de profondeur approximativement, puis salez et poivrez légèrement. Mettez les trois quarts du fromage dans un moule à œuf. Tournez ce dernier afin d'en tapisser l'intérieur puis videz l'excédent de fromage dans un autre moule et renouvelez la même opération pour les deux derniers.

Répartissez le mélange crème/truffes qui devra être presque froid entre les quatre moules. Cassez un œuf dans chaque moule, saupoudrez-le du reste de fromage râpé et procédez selon la technique de cuisson des œufs en cocotte page 108. Une fois que les œufs sont cuits, disposez un moule par assiette et servez aussitôt.

Œufs en cocotte aux foies de volaille et émincé d'échalotes au vin rouge

Pour : 4 personnes **Préparation :** 20 minutes

20 cl de vin rouge, Pinot de préférence
1 brin de thym
1 feuille de laurier
1 échalote finement ciselée
10 cl de fond de volaille ou 5 cl de fond de veau
2 foies de volaille
1 cuil. à soupe d'huile d'arachide
sel et poivre du moulin
30 g de beurre pommade
4 œufs

Dans une petite casserole, mettez le vin rouge, le thym et le laurier et faites réduire de moitié à feu doux. Ajoutez l'échalote et le fond de veau ou de volaille et laissez réduire jusqu'à ce que la sauce voile généreusement le dos d'une cuillère. Éliminez le brin de thym et le laurier, et réservez l'émincé d'échalote au vin rouge à température ambiante.

Coupez les foies de volaille en petits morceaux. Dans une petite poêle, mettez l'huile à chauffer et faites revenir vivement pendant 30 secondes les morceaux de foie de volaille. Assaisonnez et réservez dans un bol à température ambiante.

Au pinceau trempé dans le beurre pommade, beurrez quatre moules à œuf cocotte de 8 cm de diamètre sur 4 cm de profondeur approximativement, puis salez et poivrez légèrement. Mélangez les morceaux de foies de volaille à l'émincé d'échalote au vin rouge, assaisonnez au goût et répartissez entre les quatre moules. Cassez un œuf dans chaque moule et procédez selon la technique de cuisson des œufs en cocotte page 108.

Une fois que les œufs sont cuits, disposez un moule par assiette et servez aussitôt.

Un des très rares œufs cocotte où je n'utilise aucune crème. L'échalote et le vin rouge réduit en sauce se suffisent à eux-mêmes, et les foies de volaille se marient à merveille au goût du jaune d'œuf. Une petite tranche de pain de campagne grillée servie en accompagnement complétera ce plat simple et délicieux.

Œufs en cocotte au jambon fumé et noisettes grillées

Pour: 4 personnes **Préparation:** 10 minutes

30 g de beurre pommade pour beurrer les moules
sel et poivre du moulin
4 œufs
80 g de jambon légèrement fumé coupé en petits dés
4 cuil. à soupe de crème double
8 noisettes fraîchement grillées, débarrassées de leur peau et fendues en deux

Le jambon et l'œuf sont en parfaite harmonie de goût, et le croquant des noisettes apporte une note délicieuse en texture et saveur. Là encore, j'aime servir du pain grillé en accompagnement.

Préchauffez le four à 170 °C, th. 3. Beurrez au pinceau au beurre pommade quatre moules à œuf cocotte, de préférence en verre transparent, de 6 cm de diamètre et 6 cm de profondeur. Puis salez et poivrez légèrement.

Déposez un œuf dans chaque moule, parsemez les dés de jambon sur le blanc d'œuf, puis déposez la crème, et faites cuire selon la technique page 109.

Une fois cuits, disposez un moule à œuf sur chaque assiette. Arrangez 4 moitiés de noisette grillée sur le pourtour du jaune et servez aussitôt.

J'aime varier la présentation de mes œufs en cocotte, et j'utilise occasionnellement des moules transparents. Cela permet ainsi à mes invités de découvrir visuellement leur œuf en cocotte avant de le déguster.

Recette illustrée à la page précédente

Œufs en cocotte à l'aiglefin et à la moutarde de Meaux

Pour : 4 personnes **Préparation :** 15 minutes

120 g d'aiglefin légèrement fumé
30 cl de lait
6 cuil. à soupe de crème double
1 cuil. à soupe de moutarde de Meaux
sel et poivre du moulin
30 g de beurre pommade pour beurrer les moules
4 œufs
1 cuil. à soupe de persil plat ciselé

Voilà un œuf qui surprendra le plus fin des gourmets par sa finesse et sa longueur en bouche.

Dans une petite casserole, mettez l'aiglefin et le lait et amenez à ébullition à feu doux. Retirez aussitôt du feu. Réservez dans le lait à température ambiante.

Dans une petite casserole, mettez la crème double à chauffer à feu doux et dès l'ébullition, ajoutez l'aiglefin qu'on aura au préalable effeuillé puis, hors du feu, la moutarde et assaisonnez en sel et poivre. Réservez à température ambiante.

Au pinceau trempé dans du beurre pommade, beurrez quatre moules à œuf cocotte de 8 cm de diamètre par 4 cm de profondeur approximativement, puis salez et poivrez légèrement. Répartissez le mélange crème, aiglefin et moutarde entre les quatre moules. Cassez un œuf dans chaque moule et faites cuire selon la technique de cuisson des œufs en cocotte page 108.

Une fois que les œufs sont cuits, placez un œuf par assiette, saupoudrez de persil ciselé et servez aussitôt.

Ces petites crevettes sont tellement délicieuses avec l'œuf, la crème et avec une tranche de pain grillé en accompagnement.

Œufs en cocotte aux crevettes grises et aux câpres

Pour : 4 personnes **Préparation :** 15 minutes

48 crevettes grises de préférence ou 28 crevettes roses bouquet
30 g de beurre pommade pour beurrer les moules
sel et poivre du moulin
4 œufs
4 cuil. à soupe de crème double
24 petites câpres rincées à l'eau froide et bien égouttées

Décortiquez les crevettes, en s'assurant d'en garder 8 avec la tête attachée au corps pour la présentation. Disposez des autres têtes.

Beurrez au pinceau au beurre pommade quatre moules à œuf cocotte de 8 cm de diamètre par 4 cm de profondeur approximativement, procédez selon la technique de préparation des œufs en cocotte page 109. Une fois la crème déposée sur le blanc d'œuf, parsemez dix crevettes et 6 petites câpres tout autour du jaune d'œuf et cuisez selon la technique de cuisson page 109.

Une fois cuits, disposez un moule à œuf par assiette. Arrangez 2 petites crevettes entières sur le pourtour de l'œuf, en faisant reposer leur tête sur le rebord du moule, et servez aussitôt.

Cet œuf est parfait servi en hors-d'œuvre.
Toutefois, il sera facile de se laisser tenter par deux…

Œufs en cocotte aux girolles

Pour : 4 personnes **Préparation :** 10 minutes **Cuisson :** 5 à 7 minutes

Si les girolles ne sont pas disponibles, vous pourrez les remplacer par des cèpes, des trompettes-de-la-mort ou des champignons de Paris. Ce plat peut être servi en hors-d'œuvre. En plat principal, il faudra prévoir deux œufs par personne.

125 g de girolles
20 g de beurre et 30 g de beurre pommade pour beurrer les moules
20 cl de crème double
le jus d'1 ½ citron
5 g de persil simple ciselé
1 petite brindille de thym effeuillé
sel et poivre du moulin
4 œufs

Au moyen d'un petit couteau, éliminez toute trace de terre ou de sable des girolles, puis essuyez-les avec un papier absorbant très légèrement humidifié. Taillez quatre fines lamelles dans le milieu des plus belles girolles et réservez-les. Hachez finement au couteau le reste des girolles.

Dans une petite poêle, mettez une noix de beurre et faites dorer les lamelles 30 secondes de chaque côté, le temps de les saisir et de les dorer couleur noisette clair, puis réservez-les. Dans une casserole, mettez à bouillir à feu moyen les deux tiers de la crème. Une fois cette dernière réduite d'un quart, ajoutez les girolles hachées et le jus de citron, et laissez cuire à feu doux pendant environ 5 minutes. Hors du feu ajoutez le persil, le thym, assaisonnez au goût en sel et poivre et réservez à température ambiante jusqu'à refroidissement.

Beurrez au pinceau les fonds et les bords des fonds de 4 moules à œuf cocotte de 8 cm de diamètre par 4 cm de hauteur environ, puis salez et poivrez légèrement. Répartissez dans les moules le mélange crème et girolles. Cassez un œuf dans chaque moule, versez le reste de la crème fraîche sur le blanc de chaque œuf, et procédez selon la technique de cuisson des œufs en cocotte page 109.

Mettez un moule à œuf sur chaque assiette habillée au préalable d'une serviette ou de papier dentelle. Placez sur chaque jaune une lamelle de champignon et servez aussitôt, accompagnés de mouillettes tout comme pour des œufs à la coque.

Douillet de pain perdu aux fines herbes et au bacon

Pour : 8 personnes **Préparation :** 30 minutes **Cuisson :** 45 minutes environ

8 tranches de bacon
40 g de beurre pommade
8 à 10 tranches de pain de mie blanc, d'une épaisseur moyenne
3 cuil. à soupe de civette ciselée
3 cuil. à soupe de persil plat ciselé
3 cuil. à soupe de cerfeuil ciselé
1 cuil. à soupe d'estragon ciselé
4 civettes finement ciselées
75 g d'emmenthal râpé
75 g de cheddar râpé
30 g de parmesan râpé et 20 g pour la décoration
sel et poivre du moulin
8 œufs
80 cl de lait

1 plat allant au four de 26 x 18 x 6 cm environ

Cuisez le bacon à la poêle le temps de le dorer, environ une minute et demie. Coupez ensuite les tranches en morceaux de 5 cm environ et réservez.

Beurrez le plat généreusement au pinceau avec le beurre pommade. Parez la croûte des tranches de pain et coupez-les en trois bandes. Mélangez les herbes et les civettes ciselées. Mélangez les fromages ensemble.

Disposez les bandes de pain au fond du plat, salez et poivrez. Assaisonnez du mélange d'herbes, du mélange de fromages, et d'un peu de bacon. Disposez une autre couche de bandes de pain de mie puis procédez comme auparavant. On terminera avec une couche de bandes de pain de mie, à environ 1 cm en dessous du rebord du plat.

Mélangez le lait et les œufs, assaisonnez et versez sur le douillet, saupoudrez des 20 g de parmesan et recouvrez d'un papier film. Réservez au réfrigérateur pendant 24 heures (ou pendant 48 heures si possible).

Préchauffez le four à 170 °C. Enfournez le douillet pendant environ 45 minutes jusqu'à ce que la masse soit montée de 3 à 4 cm environ au-dessus du rebord du plat et dorée à souhait. On peut vérifier la cuisson en introduisant la pointe d'un couteau au centre du douillet. Elle devra ressortir lisse et brillante.

Servez aussitôt sorti du four. Le soufflé doit être brûlant et un peu moelleux au centre. Il suffit de le mettre sur la table et de laisser chacun se servir.

FONTINA
FONTINA

Petits flans au parmesan à la fontine

Pour : 6 personnes **Préparation :** 10 minutes **Cuisson :** 15 à 20 minutes

2 œufs
10 cl de crème simple
20 cl de crème double
100 g de fromage de fontine râpé
30 g de parmesan râpé
sel et poivre du moulin
1 pincée de noix de muscade
20 g de beurre pommade

Un petit flan délicat qui se mange avec une facilité déconcertante. Je l'aime très peu pris au centre et je l'accompagne de quelques feuilles de salade de saison avec un assaisonnement délicat.

Dans un grand bol, cassez les œufs, battez-les à la fourchette tout comme pour une omelette, ajoutez la crème simple et la crème double, puis battez à nouveau jusqu'à l'obtention d'une bonne homogénéité. Incorporez la fontine et le parmesan, assaisonnez de noix de muscade, de très peu de sel et poivrez selon votre goût.

Préchauffez le four à 160 °C. Au pinceau, beurrez l'intérieur de six moules à œuf cocotte d'environ 8 cm de diamètre par 4 cm de profondeur. Salez et poivrez légèrement. Répartissez l'appareil entre les six moules.

Placez ces derniers dans un plat mi-creux allant au four dans lequel on aura au préalable disposé un morceau de papier sulfurisé. Versez entre les moules de l'eau presque bouillante jusqu'à leur mi-hauteur et enfournez. Après 15 à 20 minutes, vérifiez la cuisson des petits flans. Ces derniers devront être juste pris autour et légèrement tremblants au milieu. Retirez-les du bain-marie et réservez-les sur une grille à température ambiante.

Placez un moule par petite assiette habillée d'une dentelle ou d'une petite serviette et servez froid mais pas réfrigéré.

On peut, si on le désire, opter pour une cuisson dans un grand plat à gratin. La cuisson sera alors un peu plus longue, soit environ 30 à 35 minutes, et ce sera alors un mets parfait pour trôner au centre d'un buffet pour un brunch ou un repas d'été.

Omelettes

Salée ou sucrée, elle rallie tous les suffrages. Rapide à préparer, facile à cuire, digeste, elle est parfaite pour un repas avec un plat unique ou pour remédier à une petite faim. Élizabeth David, qui nous rendait visite au Gavroche dès notre ouverture en 1967, me parlait souvent de l'omelette qu'elle adorait sous toutes ses formes. Je fus très touché lorsque, dans les années quatre-vingt, son éditeur me demanda d'écrire une courte préface pour son ouvrage *Une omelette et un verre de vin*. Selon les goûts de chacun, l'omelette peut être bien cuite, moelleuse, ou comme je la préfère, baveuse. Je l'aime de la couleur d'une noisette fraîchement cueillie, mais certains la préfèrent colorée tandis que d'autres l'aiment d'une couleur pâle, anémique. L'omelette peut être préparée avec les seuls blancs d'œufs. Sans aucune substance graisseuse, elle sera parfaite pour ceux qui doivent surveiller leur cholestérol. J'aime à rappeler la définition d'une omelette parfaite de Melle Cécile de Rothschild : elle doit être rebondie, avoir un soupçon de couleur, être tendre et délicate au toucher, moelleuse lorsqu'on y met les dents, « comme les fesses d'un bébé ».

Omelette

Il faut compter 4 œufs servis en hors-d'œuvre ou 6 œufs en plat principal, pour 2 personnes.

Cassez les œufs dans un bol, assaisonnez en sel et poivre et battez-les légèrement à la fourchette. Choisissez une poêle de 20 cm de diamètre environ, avec un revêtement non-adhésif de préférence. Mettez-la à chauffer à vide. Quand elle est chaude, passez rapidement au pinceau un peu de beurre clarifié sur la surface de la poêle.

Versez-y les œufs et laissez cuire pendant 5 à 10 secondes juste pour laisser le temps aux œufs de prendre un tout petit peu au fond, puis, avec le côté d'une fourchette, ramenez les bords vers le milieu et remuez continuellement en agitant légèrement la poêle avec l'autre main jusqu'à ce que les œufs soient cuits selon votre goût.

Il faut compter une minute pour une omelette baveuse, une minute et demie pour une omelette ferme et deux minutes pour qu'elle soit bien cuite. Pour la rouler, il suffit de donner un coup de poignet sec en direction de soi-même tout en penchant la poêle. Déposez alors la garniture si vous la servez fourrée et finissez de la ramener complètement sur elle-même.

Retournez-la sur une assiette ou un plat de service et avec la pointe d'un couteau, incisez-la dans le sens de la longueur afin d'ajouter un peu de la garniture puis badigeonnez-la d'un peu de beurre clarifié.

Variantes de garniture d'omelette

J'adore l'omelette fourrée. Voici quelques idées qui figurent parmi mes préférées, pour deux personnes :

Omelette aux champignons 100 g de champignons de Paris émincés, sautés au beurre pendant 2 à 3 minutes, auxquels on ajoute un peu de persil ciselé ou de ciboulette. Pendant la saison des champignons sauvages, on remplacera les champignons de Paris par des girolles ou des cèpes.

Omelette au fromage La version classique est bien sûr au gruyère. Toutefois, je préfère remplacer ce dernier par 60 g de fromage de chèvre frais ramolli légèrement au bain-marie, mélangé à quelques moitiés d'olives noires dénoyautées. Étalez-le à l'intérieur de l'omelette avant de la rouler sur elle-même.

Omelette lyonnaise Coupez 150 g de pommes de terre en petits cubes, faites-les sauter à la poêle au beurre pendant 5 minutes, puis ajoutez un oignon de 150 g environ très finement émincé et laissez cuire pendant 6 à 8 minutes de plus. Assaisonnez au goût en sel et poivre et fourrez l'omelette avant de la rouler.

Omelette à la tomate et au basilic Émondez 250 g de tomates, épépinez-les, coupez-les en petits morceaux et faites cuire à feu doux dans 5 cl d'huile d'olive pendant 20 minutes. Une fois cuit, salez et poivrez le concassé de tomates, ajoutez 5 à 6 feuilles de basilic ciselées et étalez à l'intérieur de l'omelette avant de la rouler.

Omelette aux pointes d'asperges et saumon fumé Épluchez 300 g d'asperges à l'économe, et faites-les cuire à l'eau bouillante salée pendant quelques minutes « à la dent ». Rafraîchissez-les et ne gardez que les pointes. Coupez en grosse julienne 100 g de saumon fumé et mélangez aux œufs battus juste avant de cuire l'omelette. Faites tiédir les pointes d'asperges dans 50 g de beurre et farcissez l'omelette une fois cette dernière cuite.

Omelette aux moules et à la ciboulette

Pour : 2 personnes **Préparation :** 5 minutes

5 cl de vin blanc sec
1 brindille de thym
16 moules lavées et grattées
3 cuil. à soupe de crème double
1 cuil. à soupe de ciboulette ciselée
4 œufs
sel et poivre du moulin
beurre clarifié (facultatif)

Dans une petite casserole, mettez le vin blanc, le thym et les moules et faites cuire à l'étouffée. Dès que ces dernières sont ouvertes, découquillez-les et réservez-les dans un bol. Passez le jus de cuisson dans une petite casserole à la mousseline, afin d'éliminer toute trace de sable. Mettez-en la moitié à réduire à feu doux puis ajoutez la crème pour donner un bouillon. La consistance de cette sauce doit pouvoir voiler le dos d'une cuillère. Hors du feu, ajoutez la ciboulette et les moules, et réservez au chaud sans excès.

Faites cuire l'omelette selon la méthode de cuisson page 128. Une fois à moitié roulée, fourrez-la des moules en les glissant à la cuillère au milieu de l'omelette.

Finissez de rouler l'omelette et glissez-la sur un plat ou une assiette. On peut la lustrer au pinceau d'un peu de beurre clarifié ; elle n'en sera que meilleure et plus appétissante.

Les moules sont délicieuses et bon marché, alors pourquoi s'en priver ? Elles peuvent être cuites bien à l'avance, même la veille. Il faudra alors les garder dans leur jus de cuisson au réfrigérateur, et il suffira de finir la sauce au moment de préparer l'omelette.

Omelette aux poires et à la cannelle

Pour : 2 personnes **Préparation :** 10 minutes **Cuisson :** 6 à 8 minutes

1 grosse poire d'environ 240 g bien mûre, ou sinon 2 petites poires d'un poids total de 240 g
le jus d'un demi-citron
50 g de beurre
60 g de sucre semoule
1 cuil. à café de cannelle en poudre
1 cuil. à café de beurre clarifié (pour la poêle)
4 œufs
sel et poivre du moulin
5 cl de vinaigre de vin blanc

Épluchez la poire à l'économe, éliminez le trognon, puis coupez-la en une douzaine de segments et mélangez-les au jus de citron.

Dans une poêle, mettez à fondre le beurre, ajoutez-y le sucre semoule et laissez cuire pendant deux minutes à feu moyen, le temps d'obtenir une homogénéité du beurre et du sucre bouillonnant ensemble et le début d'un caramel blond.

Ajoutez alors les segments de poire, saupoudrez-les de la cannelle, et faites-les cuire dans ce caramel au beurre en les remuant délicatement à la fourchette toutes les minutes. Dès l'obtention d'une couleur caramel ambré, ajoutez le vinaigre et faites cuire pendant trois minutes de plus jusqu'à ce que le caramel au vinaigre voile légèrement les poires (voir photo ci-dessus). Réservez quatre beaux segments pour la décoration.

Faites cuire l'omelette avec le beurre clarifié selon la méthode page 128, puis une fois à moitié roulée, fourrez-la des poires en les glissant en long au milieu de l'omelette. Finissez de rouler l'omelette et glissez-la sur un plat ou une assiette. Arrangez les quatre segments de poire sur l'omelette et servez aussitôt.

Voilà une omelette avec une poire « en pickles » qui surprendra dans sa conception et qui ravira le palais. Un hors-d'œuvre inattendu et plein d'harmonie.

Roulade d'omelette à la thaïlandaise farcie de crevettes sur petits toasts

Pour : 2 personnes **Préparation :** 20 minutes **Cuisson :** 1 minute environ

1 gros œuf de 65 à 70 g
1 cuil. à café de sauce poisson thaï
30 g de beurre pommade
2 civettes
4 tranches de pain de mie de 12 cm de côté et d'1 cm d'épaisseur
80 g de crevettes grises décortiquées
1 pincée de piment d'Espelette en poudre

Des canapés esthétiques, légers, goûteux et épicés à souhait. Ils seront le parfait prélude à un dîner. Les crêpes thaïlandaises sont bien sûr excellentes roulées nature puis coupées en petites bandes et mélangées à un plat de riz juste avant de le servir, ou ajoutées à un consommé de poulet par exemple.

Mettez à chauffer à feu doux une poêle très plate antiadhésive de préférence, de 20 cm de diamètre. Cassez l'œuf dans un bol, battez-le très légèrement avec la sauce poisson. Badigeonnez de beurre pommade le fond de la poêle au pinceau. Versez une moitié de l'œuf dans la poêle, inclinez-la pour étaler l'œuf comme une crêpe. Toujours à feu doux, laissez cuire jusqu'à ce que l'omelette soit prise soit une minute environ. Retirez-la de la poêle et glissez-la sur du papier sulfurisé. L'omelette sera cuite sur un côté seulement, ce qui la gardera souple et malléable. Faites cuire la deuxième moitié de l'œuf selon la même méthode.

Ciselez très finement les parties vertes des tiges de civette. Gardez la partie blanche pour la décoration du plat de service (voir photo page 137).

Dans les tranches de pain de mie, découpez à l'emporte-pièce uni rond de 3,5 cm environ de diamètre, 4 ronds par tranche. Grillez sous la salamandre sur un côté seulement.

Parsemez sur les omelettes les queues de crevette, les parties vertes de la civette et le piment d'Espelette, puis roulez-les en les maintenant délicatement mais fermement afin d'obtenir un petit rouleau régulier. Coupez dans chaque omelette 8 petits tronçons et disposez-en un debout sur le côté toasté de chaque toast. Arrangez-les sur un plat avec les blancs de civette en décoration.

Recette illustrée à la page précédente

Roulade d'omelette façon thaïlandaise à la truite fumée au raifort

Pour : 2 personnes **Préparation :** 15 minutes **Cuisson :** 25 minutes environ

2 gros œufs de 65 à 75 g
sel et poivre du moulin
40 g de beurre pommade
200 g de pommes de terre nouvelles
5 cuil. à soupe d'huile d'olive
le jus de trois citrons
2 tiges de civette émincées
1 truite fumée de 200 g environ
les feuilles d'un bouquet de cresson émincées
2 cuil. à soupe de crème double ou de yaourt
1 cuil. à soupe de raifort râpé

Mettez à chauffer à feu doux une poêle très plate, antiadhésive de préférence, de 20 cm de diamètre. Cassez les deux œufs dans un bol, battez-les très légèrement et salez-les. Badigeonnez de beurre pommade le fond de la poêle au pinceau. Versez un quart de la quantité des œufs dans la poêle chaude, inclinez-la pour étaler l'œuf comme pour une crêpe. Laissez cuire toujours à feu doux jusqu'à ce que l'omelette soit prise soit une minute environ. Retirez-la de la poêle et glissez-la sur du papier sulfurisé ou sur une assiette. L'omelette sera cuite sur un côté seulement, ce qui la gardera souple et malléable. Faites cuire les trois autres omelettes selon la même méthode.

Faites cuire les pommes de terre en robe de chambre pendant environ 20 minutes. Épluchez les pommes de terre et grattez-les à la râpe. Versez dessus l'huile d'olive, deux jus de citron, salez et poivrez. Mélangez en ajoutant la civette.

Effeuillez les chairs de la truite débarrassée de sa peau. Mélangez-les au cresson émincé, puis répartissez délicatement sur les omelettes. Ajoutez la crème double ou le yaourt, le raifort et le jus de citron restant, salez et poivrez au goût, et arrosez à la cuillère les chairs de truite. Roulez les omelettes en les maintenant délicatement mais fermement afin d'obtenir des rouleaux réguliers.

Répartissez les pommes de terre sur les deux assiettes, puis placez deux rouleaux d'omelette par assiette, l'un entier et l'autre légèrement coupé en diagonale.

Tortilla espagnole au chorizo

Pour : 4 personnes **Cuisson :** 8 minutes environ pour la tortilla

10 cl approximativement d'huile d'olive
400 g de pommes de terre Désirée, épluchées et coupées en cubes
2 oignons rouges de préférence, épluchés et grossièrement hachés
sel et poivre du moulin
200 g de chorizo débarrassé de sa peau
1 gousse d'ail écrasé
2 cuil. à soupe de persil haché
6 œufs

Un peu d'origan peut être offert à part. Des olives noires ou une salade verte mêlée à des tranches de concombre accompagnent très bien ce type d'omelette.

Dans une poêle d'environ 20 cm de diamètre par 4 cm de profondeur, mettez à chauffer les deux tiers de l'huile. Dès que l'huile est chaude, mettez-y les pommes de terre et faites-les cuire à feu moyen pendant 10 minutes. Ajoutez les oignons, salez légèrement et faites cuire pendant environ 10 minutes de plus, toujours à feu moyen.

Coupez le chorizo en tranches de 2 mm environ, ajoutez-le au mélange avec l'ail et le persil. Assurez-vous que l'ensemble est bien mélangé sans être écrasé et laissez cuire pendant 2 minutes de plus. Réservez sur une assiette à température ambiante. Essuyez l'intérieur de la poêle avec un papier absorbant pour cuire ensuite la tortilla.

Dans un grand bol, cassez les œufs, battez-les légèrement, salez et poivrez. Mettez la poêle à chauffer avec le reste de l'huile d'olive. Mélangez délicatement aux œufs la garniture à peine tiède et versez dans la poêle. Faites cuire à feu moyen tout en remuant un peu avec le côté de la fourchette, comme une omelette. Dès que les œufs sont à moitié cuits, laissez cuire à feu très doux pendant 2 à 3 minutes. Faites glisser la tortilla sur un plat légèrement huilé puis retournez-la dans la même poêle et toujours à feu doux, laissez cuire pendant 2 minutes de plus de façon à obtenir une cuisson égale des deux côtés et une tortilla moelleuse au milieu.

Faites glisser la tortilla sur un plat de service. Servez-la chaude, tiède ou à température ambiante.

Frittata de courgettes et tomates confites

Pour : 4 personnes **Préparation :** 10 minutes **Cuisson :** 8 minutes environ

120 g de petites courgettes ou pâtissons
200 g de tomates bien mûres, qualité Roma ou de Marmande de préférence
25 cl d'huile d'olive
1 brindille de thym
1 feuille de laurier
1 gousse d'ail coupée en deux
1 pincée de poivre blanc concassé
10 cl approximativement d'huile d'olive et 2 cuil. à soupe d'huile d'olive pour la présentation
8 olives noires dénoyautées (facultatif)
1 petite brindille de thym haché
6 œufs
sel et poivre concassé
5 g de persil plat ciselé

Au petit couteau, parez les extrémités des courgettes ou pâtissons. Rincez-les à l'eau froide, essuyez-les et coupez-les en rondelles d'environ 1 cm d'épaisseur.

Émondez les tomates, coupez-les en moitié ou en quart, et épépinez-les. Mettez l'huile à chauffer dans une casserole, jusqu'à ce qu'elle atteigne 70 °C. Une fois l'huile chaude, mettez-y les tomates, le thym, l'ail, le laurier et le poivre, et à feu doux (environ 70 °C), laissez confire les tomates pendant 10 à 15 minutes selon le degré de mûrissement des tomates. Plus elles sont mûres et moins elles demandent de cuisson. Laissez-les refroidir dans la casserole et transférez-les ensuite dans un bocal ou une terrine. Couvrir d'un papier film et réservez au réfrigérateur jusqu'à l'emploi. Les confits se conservent très bien au réfrigérateur dans leur huile pendant au moins deux semaines. Il suffira de les assaisonner en sel et poivre au moment de les utiliser.
Si vous désirez les faire tiédir, il faudra les passer sous un gril tiède ou les réchauffer quelques minutes dans une petite casserole avec un soupçon de leur huile.

C'est un hors-d'œuvre délicieux.
Je la sers parfois également en plat principal, auquel cas
je double alors tous les ingrédients de la recette.
Coupée en losanges, elle fera alors office de tapas,
pleines de saveurs méditerranéennes.

Dans une poêle d'un diamètre de 20 cm environ et de 4 cm de profondeur, mettez à chauffer deux tiers de l'huile d'olive. Dès que l'huile est chaude mais pas brûlante, placez-y les courgettes et laissez cuire à feu moyen pendant 3 à 4 minutes. Ajoutez le reste de l'huile d'olive, les tomates mi-confites, les olives noires et le thym. Une fois l'ensemble bien chaud, versez les œufs battus et très légèrement salés et poivrés. Laissez cuire à feu moyen tout en remuant un peu avec le côté de la fourchette, comme pour une omelette. Ajoutez le persil ciselé et dès que les œufs sont aux trois quarts cuits, arrêtez de remuer et laissez cuire à feu doux pendant deux minutes de plus, le temps que le dessus soit presque cuit. Faites glisser la frittata sur un plat légèrement huilé, puis retournez-la dans la même poêle et toujours à feu doux, laissez cuire pendant deux minutes de plus, pour qu'elle soit bien cuite des deux côtés tout en restant moelleuse au milieu.

Faites glisser la frittata sur le plat de service et servez-la entière, chaude, tiède, ou bien encore à température ambiante, selon votre goût. Un peu de poivre fraîchement concassé servi à côté sera fort apprécié. On peut également badigeonner la fritatta au pinceau avec un peu d'huile d'olive.

Frittata aux artichauts poivrades et poivrons grillés

Pour : 4 personnes **Préparation :** 20 minutes **Cuisson :** 8 minutes pour la frittata

6 petits artichauts poivrades bien tendres
10 cl approximativement d'huile d'olive
le jus d'1 citron mélangé à 6 cuil. à soupe d'huile d'olive
2 poivrons rouges ou verts
1 oignon rouge de préférence, moyennement haché
1 petite brindille de thym, hachée
6 œufs
sel et poivre concassé

Au petit couteau, coupez la pointe des feuilles d'artichauts de 2 cm environ puis raccourcir un peu la queue. Toujours au couteau, parez un peu de la queue des artichauts et éliminez deux ou trois feuilles du pourtour si besoin est. Coupez les artichauts en quatre puis mettez-les dans un grand bol avec le mélange huile d'olive/jus de citron.

Épluchez les poivrons à l'économe, coupez-les en quatre, éliminez les peaux blanches et les pépins et enduisez-les d'un peu d'huile d'olive. Sur une poêle à griller bien chaude, mettez les artichauts et les poivrons à griller. Salez légèrement, tournez-les d'un quart de tour après une minute afin d'obtenir un quadrillage, retournez et renouvelez la même opération. Après 3 à 4 minutes, les poivrons seront cuits fermes. Les artichauts cuiront pendant 2 à 3 minutes de plus. Réservez le tout sur une assiette.

Dans une poêle d'un diamètre de 20 cm environ et de 4 cm de profondeur, mettez à chauffer un tiers de l'huile d'olive. Dès qu'elle est chaude, mettez les oignons à revenir sans prendre de couleur pendant 2 minutes. Ajoutez alors les poivrons, les artichauts et le thym, arrosez du reste de l'huile d'olive et réchauffez l'ensemble pendant 3 à 4 minutes tout en remuant. Versez ensuite les œufs battus et très légèrement salés, et laissez cuire à feu moyen tout en remuant avec le côté de la fourchette, comme pour une omelette. Dès que les œufs sont mi-cuits, laissez cuire à feu très doux pendant 2 ou 3 minutes. Faites glisser la frittata sur un plat légèrement huilé, puis retournez-la dans la même poêle et, toujours à feu doux, laissez cuire pendant deux minutes de plus, de façon à ce qu'elle soit bien cuite des deux côtés tout en restant moelleuse au milieu.

Faites-la glisser sur un plat de service et servez-la chaude, tiède ou à température ambiante.

Coupée en petits losanges ou en carrés, elle fera office de tapas pour un déjeuner buffet. Le goût des légumes grillés accentue leur saveur et un peu de poivre concassé servi à part réveille les papilles.

Soufflés

Pour que la préparation du soufflé soit un plaisir, voici quelques conseils et astuces. Évitez d'utiliser des blancs d'œufs extra frais ou trop froids, car ils ne monteront pas très bien. À l'inverse, des blancs d'œufs ayant séjourné au réfrigérateur ou décongelés seront parfaits montés en neige. Les blancs d'œufs que j'utilise proviennent d'œufs moyens, c'est-à-dire pesant de 53 à 62 g. Pour fouetter les blancs d'œufs, n'utilisez pas un bol en plastique car ce dernier retient les graisses ce qui empêche les blancs de monter. Une fois les blancs mi-montés, on ajoutera à ces derniers une pincée de sel pour les soufflés servis en hors-d'œuvre ou un peu de sucre pour des soufflés en desserts. Ceci aura pour effet de garder leur volume avant de les mélanger à l'appareil. Lors du mélange des blancs d'œufs à l'appareil, ce dernier doit être tiède ou chaud, mais jamais froid, afin de pouvoir obtenir une parfaite homogénéité sans avoir à trop mélanger. Lors de la cuisson, il est important de ne pas ouvrir la porte du four toutes les deux ou trois minutes pour vérifier si les soufflés montent comme il faut : ils ont horreur des courants d'air et risquent de retomber.

Soufflé au gruyère

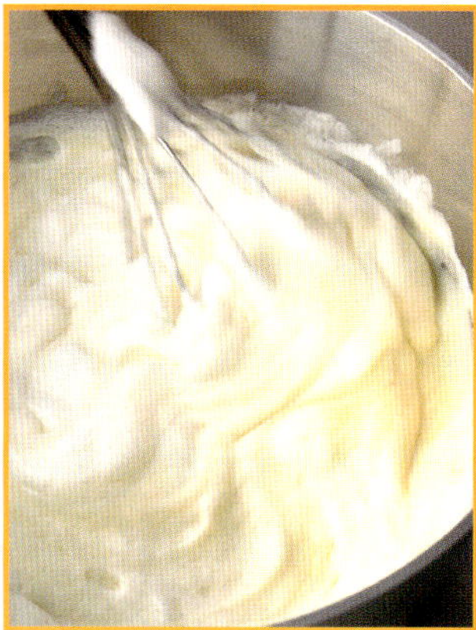

Pour la béchamel :

20 g de beurre
20 g de farine
25 cl de lait
sel et poivre du moulin
1 pincée de cayenne
6 jaunes d'œufs

Pour les soufflés

50 g de beurre pommade
50 g de gruyère râpé pour les moules
10 blancs d'œufs
240 g de gruyère ou comté finement râpé
8 ou 4 cercles fins de gruyère de 3 mm environ d'épaisseur et du même diamètre que les moules à soufflé, coupés en quatre

Pour faire la béchamel, mettez le beurre à fondre dans une petite casserole. Ajoutez alors la farine, et en remuant au fouet faites cuire le roux « blanc » pendant 2 minutes. Ajoutez le lait froid puis, toujours en remuant au fouet, amenez à ébullition à feu moyen. Après une minute de doux bouillon, transférez la béchamel dans une terrine. Salez et poivrez légèrement, ajoutez la pincée de cayenne, incorporez les jaunes d'œufs au fouet. Réservez « l'appareil » dans un endroit tiède couvert de papier film.

Beurrez généreusement 8 ramequins de 8,5 cm de diamètre par 4 cm de haut ou 4 moules à soufflé de 10 cm de diamètre par 6,5 cm de haut avec 40 g de beurre pommade. Mettez environ 50 g de gruyère râpé dans un des ramequins puis tournez ce dernier en le penchant au-dessus d'un deuxième afin de tapisser l'intérieur du moule de gruyère en enlevant l'excédent. Renouvelez cette opération sur les autres ramequins.

Pour 8 ramequins ou 4 moules à soufflé
Préparation : 20 minutes **Cuisson :** 6 minutes pour des ramequins ou 8 minutes pour des moules à soufflé

Préchauffez le four à 200 °C (th. 6). Montez les blancs en neige en ajoutant une pincée de sel. Une fois mi-fermes, arrêtez de fouetter.

Mélangez aussitôt au fouet un tiers des blancs à la béchamel tiède, puis délicatement, à la maryse ou à la grosse cuillère, mélangez le reste des blancs d'une main tout en faisant tomber en pluie le gruyère râpé de l'autre main. Dès que le mélange est tout juste homogène, arrêtez de mélanger l'appareil.

Remplissez à la cuillère généreusement les ramequins à 1,5 cm au-dessus du rebord. Lissez le dessus de l'appareil avec une petite palette ou avec la lame d'un couteau, puis avec la pointe du couteau, décollez l'appareil du bord des ramequins.

Habillez le fond d'un plat mi-creux allant au four d'une feuille de papier sulfurisée ou d'aluminium, puis déposez-y les 8 soufflés et versez de l'eau presque bouillante entre ces derniers jusqu'à la mi-hauteur des ramequins. Enfournez à 200 °C pendant 4 minutes puis très rapidement, placez sur le dessus de chaque soufflé aux deux tiers cuit, un cercle fin de gruyère coupé en quatre et remettez au four pendant 2 minutes. Dès la sortie du four, servez les soufflés sur des petites assiettes. Ces derniers n'attendent pas.

NOTES J'utilise des moules à soufflé pour un repas composé de trois plats ou des ramequins si mon soufflé est suivi de nombreux autres plats. Ils sont alors plus petits mais tout aussi délicieux, et se mangent en quatre ou cinq bouchées. Le comté a plus de saveur et de goût que le gruyère qui lui est plus délicat. À vous de décider.

La pincée de sel utilisée pour monter les blancs d'œufs sera remplacée par du sucre pour tous les soufflés servis en desserts, tel que celui au chocolat, vanille, mangue, etc. La technique du soufflé au gruyère est applicable en partie ou totalité pour tous les autres soufflés chauds.

Dans mes recettes de soufflé, je préfère être généreux dans les quantités par rapport au nombre de soufflés indiqué dans la recette, aussi ne soyez pas inquiet s'il vous reste un peu d'appareil après avoir rempli vos moules, je suis prudent.

Le soufflé au gruyère et aux noix Pour 4 soufflés : La méthode et la technique seront les mêmes que pour la technique de préparation et de cuisson du soufflé au gruyère (voir page 151). Les moules à soufflé seront beurrés à l'intérieur mais le gruyère râpé sera remplacé par une fine chapelure pour chemiser les moules. Le gruyère ou comté sera remplacé par 160 g de roquefort pas trop mûr et très froid, grossièrement émietté. Lors du mélange des blancs d'œufs à l'appareil à soufflé, ajoutez le roquefort en pluie puis 12 cerneaux de noix émondés grossièrement hachés, et enfin 4 figues fraîches bien mûres mais fermes, coupées en petits dés.

Accompagné d'une salade de mâche assaisonnée d'une vinaigrette bien relevée, à laquelle on aura ajouté une grosse julienne de pommes de préférence Granny Smith, ce soufflé est un régal. Je n'hésite pas à savourer un ou deux verres de porto avec ce dernier : c'est encore meilleur !

Soufflé au cheddar et julienne d'oseille au parfum d'anchois

Pour : 4 personnes **Préparation :** 20 minutes **Cuisson :** 8 minutes

Pour la béchamel :
20 g de beurre
20 g de farine
25 cl de lait
sel et poivre du moulin
6 jaunes d'œufs
10 g d'essence d'anchois

50 g de beurre pommade
50 g de cheddar râpé
10 blancs d'œufs
200 g de cheddar finement râpé
15 g de feuilles d'oseille équeutées et ciselées
20 g de cheddar râpé pour le dessus des soufflés
4 filets d'anchois à l'huile

4 moules à soufflé de 10 cm de diamètre par 6,5 cm de haut.

L'oseille étant un peu acide, elle se marie très bien avec le parfum d'anchois assez gras, riche et fort. La texture très moelleuse de ce soufflé offre un élément de surprise provoqué par la julienne d'oseille qu'on découvre seulement lorsqu'on mange le soufflé. Elle peut être remplacée par des épinards, le résultat sera aussi bon.

Dans une petite casserole, mettez le beurre à fondre. Ajoutez alors la farine, et en remuant au fouet faites cuire le roux « blanc » pendant deux minutes. Ajoutez le lait froid puis, toujours en remuant au fouet, amenez à ébullition à feu moyen. Après une minute de doux bouillon, transférez la béchamel dans une terrine. Salez à peine et poivrez généreusement, incorporez les jaunes d'œufs au fouet puis l'essence d'anchois. Réservez « l'appareil » dans un endroit tiède couvert de papier film.

Suivez la technique de préparation et de cuisson du soufflé au gruyère page 150. Il suffira d'ajouter l'oseille ciselée en pluie en même temps que le cheddar lors du mélange de l'appareil avec les blancs d'œufs. Je saupoudre une pincée de cheddar râpé sur les soufflés deux minutes avant de les sortir du four.

Dès la sortie du four, je place les soufflés sur des assiettes habillées d'un papier dentelle ou d'une serviette, je dépose sur chacun un filet d'anchois et je sers aussitôt.

Soufflé aux queues de langoustines et son coulis

Pour : 8 personnes **Préparation :** 45 minutes **Cuisson :** 8 minutes

8 belles langoustines
sel et poivre du moulin
2 cuil. à soupe d'huile d'arachide
4 champignons de Paris émincés
3 échalotes ciselées
2 tiges d'estragon
60 cl de fumet de poisson (acheté dans le commerce)
50 g de beurre pommade pour beurrer les moules
20 g de beurre
20 g de farine
1 pincée de cayenne
4 jaunes d'œufs
7,5 cl de crème double
1 cuil. à soupe de cognac ou d'armagnac (facultatif)
8 blancs d'œufs
8 moules à soufflé de 8 cm de diamètre x 6 cm de hauteur approximativement

Faites cuire les langoustines à l'eau bouillante salée pendant 4 minutes. Décortiquez-les et coupez les queues en morceaux d'un centimètre de longueur. Réservez-les dans un bol couvert d'un papier film. Fendez les têtes avec un couteau à talon. Réservez-les pour le fond.

Mettez l'huile à chauffer dans une casserole, puis faites colorer à feu moyen les têtes de langoustines en remuant toutes les minutes à la spatule. Ajoutez ensuite les champignons, l'échalote et l'estragon et faites suer à feu doux pendant 5 minutes. Mouillez avec le fumet de poisson et laissez cuire à feu moyen jusqu'à réduction du liquide d'une petite moitié. Passez au chinois en pressant avec le dos d'une louche afin d'extraire le maximum de saveur des têtes de langoustines. Réservez le fond à température ambiante.

Dans une petite casserole, mettez le beurre à fondre. Ajoutez la farine en remuant au fouet à feu doux et laissez cuire le roux « blanc » pendant 2 minutes. Ajoutez 22 cl seulement du fond légèrement refroidi, puis toujours à feu moyen et en remuant

Recette illustrée à la page précédente

Voilà un soufflé qui mérite le voyage et qui restera gravé dans la mémoire de vos convives. Nous le servons en spécialité au Waterside Inn au printemps et nos clients en raffolent. Il méritera tout le temps qu'il faut lui consacrer dans sa préparation…

au fouet, amenez à ébullition. Après une minute de doux bouillon, transférez «l'appareil» dans une terrine, salez légèrement, mettez le cayenne, incorporez les jaunes d'œufs au fouet et réservez l'appareil dans un endroit tiède couvert d'un papier film. Mettez le reste du fond de langoustines à chauffer dans une petite casserole. Dès l'ébullition, ajoutez la crème puis le cognac ou l'armagnac, donnez un bouillon pendant 2 minutes, salez et poivrez au goût, puis réservez le coulis.

Suivez la technique de préparation des soufflés au gruyère page 150. Les moules seront simplement beurrés. L'appareil sera placé dans les moules à soufflé jusqu'à la mi-hauteur. Arrangez et répartissez entre les moules les queues de langoustines tiédies dans la moitié du coulis, puis finissez de remplir les moules avec l'appareil, tout comme pour les soufflés au gruyère et faites cuire de la même façon et pour la même durée.

Une fois cuits, servez les soufflés très rapidement. Ils sont très légers et délicats. À table, versez au centre de chaque soufflé le reste du coulis bien chaud.

Soufflé aux petits lardons, persil et son œuf surprise

Pour 4 **Préparation :** 20 minutes **Cuisson :** 8 minutes

20 g de beurre
20 g de farine
25 cl de lait
sel et poivre
160 g de tranches de lard ou de bacon
1 cuil. à soupe d'huile d'arachide
4 œufs pochés (méthode page 44)
6 jaunes d'œufs
50 g de beurre pommade
50 g de gruyère ou comté râpé
8 blancs d'œufs
20 g de persil plat finement ciselé
4 moules à soufflé de 10 cm de diamètre par 6,5 cm de haut.

Ce soufflé est servi au déjeuner ou en début de brunch. Le jaune de l'œuf poché se mélangera délicieusement au soufflé et régalera la vue et les papilles.

Pour faire la béchamel, mettez le beurre à fondre dans une petite casserole. Ajoutez alors la farine, et en remuant au fouet, faites cuire le roux « blanc » pendant deux minutes. Ajoutez le lait froid puis, toujours en remuant au fouet, amenez à ébullition à feu moyen. Après une minute de doux bouillon, transférez la béchamel dans une terrine. Salez et poivrez légèrement, incorporez les jaunes d'œufs au fouet. Réservez couvert de papier film.

Coupez les tranches de lard ou de bacon en petits morceaux, mettez-les dans une casserole, recouvrez d'eau et donnez un bouillon de 30 secondes puis rafraîchissez et égouttez. Dans une poêle mettez l'huile d'arachide et faites dorer les lardons à feu vif pendant une minute, puis égouttez-les et réservez.

Mettez les œufs pochés dans une terrine, recouvrez-les d'eau bouillante pendant 30 secondes pour les réchauffer puis égouttez-les.

Suivez la technique de préparation et de cuisson du soufflé au gruyère page 150, incorporez en pluie les lardons et le persil puis remplissez les moules à soufflé aux deux tiers. Déposez délicatement un œuf poché au centre de chaque moule, finissez de remplir chaque moule du reste de l'appareil et cuisez au bain-marie pendant 8 minutes.

Dès la sortie du four, servez chaque soufflé sur une assiette habillée d'une petite dentelle ou d'une serviette.

Soufflé au chocolat

Pour 4 Préparation : 20 minutes **Cuisson :** 10 minutes

Pour chemiser les moules

40 g de beurre pommade
50 g de sucre semoule

Pour la crème pâtissière

35 cl de lait
80 g de sucre semoule
4 jaunes d'œufs
30 g de farine
50 g de cacao en poudre non sucré, tamisé
240 g de chocolat couverture noir à 70 % de cacao

Pour l'appareil à soufflé

10 blancs d'œufs
40 g de sucre semoule
sucre glace pour la présentation

4 moules en métal argenté de préférence de 10 cm de diamètre par 5 cm de hauteur approximativement

Beurrez l'intérieur des 4 moules au pinceau. Placez le sucre semoule dans l'un des moules, faites-le tourner en s'assurant qu'il recouvre bien tout l'intérieur, puis retournez-le au-dessus du moule suivant, tapotez-le pour faire tomber l'excédent de sucre dans l'autre moule et renouvelez l'opération pour les autres moules.

Mettez le lait à chauffer à feu doux dans une casserole, avec les deux tiers du sucre, jusqu'à ébullition. Dans une terrine, travaillez au fouet les 4 jaunes avec le reste du sucre jusqu'à l'obtention d'une consistance ruban. Ajoutez la farine et mélangez au fouet. Versez le lait bouillant sur les jaunes, tout en remuant. Remettez le mélange dans la casserole, laissez bouillir une minute à feu doux toujours en fouettant puis réservez dans une terrine. Une fois refroidie, mélangez délicatement au fouet 280 g de crème patissière avec le cacao en poudre et la couverture coupée en petits morceaux. Réservez recouvert d'un papier film.

Préchauffez le four à 200°C. Placez à l'intérieur une plaque de cuisson. Battez les blancs d'œufs. Une fois mi-montés, ajoutez 40 g de sucre semoule et continuez de battre jusqu'à ce que ces derniers soient mi-fermes. Incorporez au fouet un tiers des blancs à la crème pâtissière chocolat, puis délicatement le reste à la maryse. Le mélange sera d'une consistance mi-liquide. Répartissez l'appareil entre les quatre moules jusqu'au ras du moule et lissez à la palette. Faites cuire pendant 10 minutes. Dès la sortie du four, saupoudrez-les de sucre glace accompagné d'une cuillère de glace à la vanille (recette page 238) et servez aussitôt.

Soufflé vanille et mangue et coulis aux fruits de la passion

Pour: 4 personnes **Préparation**: 20 minutes **Cuisson**: 8 minutes

Pour chemiser les moules

40 g de beurre pommade
40 g de sucre semoule

Pour la crème pâtissière

35 cl de lait
70 g de sucre semoule
1 gousse de vanille fendue en son milieu
4 jaunes d'œufs
30 g de farine

Pour le coulis

30 g de sucre semoule
le jus de deux oranges
2 fruits de la passion

Pour l'appareil à soufflé

7 blancs d'œufs
50 g de sucre semoule
1 mangue d'environ 400 g bien mûre, dont la chair sera coupée en petits dés

Prévoyez 4 moules de 10 cm de diamètre par 5 cm de haut. Beurrez les moules. Placez le sucre dans l'un des moules, faites-le tourner en s'assurant qu'il en couvre bien tout l'intérieur, puis retournez-le au-dessus du moule suivant, tapotez-le pour faire tomber l'excédent de sucre dans l'autre moule et renouvelez l'opération pour les autres moules.

Mettez le lait à chauffer à feu doux dans une casserole avec les deux tiers du sucre. Grattez-y l'intérieur de la gousse de vanille. Dans une terrine, travaillez au fouet les jaunes avec le reste du sucre jusqu'à l'obtention d'une consistance ruban. Ajoutez la farine et mélangez. Versez le lait bouillant sur les jaunes, tout en remuant au fouet. Remettez le mélange dans la casserole, laissez bouillir une minute à feu doux toujours en fouettant puis transférez dans une terrine, recouvrez d'un papier film et réservez.

Mettez le jus des oranges et le sucre à bouillir dans une petite casserole, et faites réduire d'un tiers. Réservez dans un bol, puis dès qu'il est froid, évidez les graines des fruits de la passion. Réservez à température ambiante.

Préchauffez le four à 200 °C. Placez à l'intérieur une plaque de cuisson. Battez les blancs d'œuf. Une fois mi-montés, ajoutez 50 g de sucre semoule et continuez de battre jusqu'à ce que ces derniers soient mi-fermes. Incorporez au fouet un tiers des blancs à la crème pâtissière, puis le reste à la maryse et les dés de mangue. Répartissez l'appareil entre les quatre moules jusqu'au ras du moule et lissez à la palette. Mettez à cuire pendant 8 minutes et servez aussitôt avec le coulis à part.

Crêpes et Pâtes liquides

Enfant, j'avais le privilège d'avoir une mère excellente cuisinière, qui aimait nous faire des crêpes pour nous régaler. Elle les préparait avec le peu d'œufs qu'elle avait car ils étaient chers, beaucoup de farine pour nous rassasier et du lait coupé avec de l'eau car c'était l'après-guerre. Elle les faisait épaisses pour mieux nous nourrir, puis, au cours des années, elle les fit de plus en plus fines, presque comme de la dentelle, les choses s'amélioraient… Lorsque je rends visite à mes petits-enfants ou que ces derniers viennent me voir, j'aime leur préparer des crêpes et des gaufres. Chacun met la main à la pâte et cuit fièrement quelques crêpes, les petits aussi bien que les grands.

Les pâtes liquides peuvent se préparer la veille et se conservent dans un récipient hermétique au réfrigérateur jusqu'à leur utilisation. Elles offrent une palette de diversité en texture et en légèreté, grâce à l'œuf qui entre dans leur composition. Je me régale toute l'année des beignets, des Yorkshire Puddings, des clafoutis, et je partage maintenant ce bonheur dans ce chapitre.

Crêpes Pour 18 crêpes

125 g de farine
15 g de sucre semoule
1 pincée de sel
2 œufs
325 ml de lait
100 ml de crème double
quelques gouttes d'extrait de vanille ou d'eau de fleur d'oranger, ou un zeste de citron
20 g de beurre clarifié pour la cuisson

Pour préparer la pâte, placez la farine, le sucre et le sel dans une terrine. Ajoutez les œufs et mélangez bien à l'aide d'un fouet puis ajoutez 100 ml de lait afin d'obtenir un mélange lisse et homogène. Incorporez graduellement le reste du lait et la crème et laissez reposer dans un endroit tempéré pendant environ une heure.

Remuez la pâte et ajoutez l'extrait de vanille ou le parfum de votre choix. Badigeonnez une poêle de 22 cm avec un peu de beurre clarifié et faites chauffer. À l'aide d'une louche, versez un peu de pâte dans la poêle et laissez cuire pendant une minute.

Dès que des petits trous apparaissent sur la surface de la crêpe, tournez la crêpe et laissez cuire pendant 30 à 40 secondes de l'autre côté. Réservez la crêpe sur une assiette, couvrez d'une feuille de papier sulfurisée. Faites le reste des crêpes jusqu'à complète utilisation de la pâte.

Roulez les crêpes ou pliez-les en deux ou quatre et dégustez-les aussitôt cuites, nature, saupoudrées de sucre ou fourrées au goût.

Crêpes aux fruits rouges

Pour : 4 personnes **Préparation** : 10 minutes

Pour le coulis de framboises
5 cl d'eau
50 g de sucre
200 g de framboises
le jus d' 1/2 citron

18 crêpes (recette page 168)
150 g de framboises
150 g de mûres
6 petits bouquets de menthe fraîche
sucre glace pour saupoudrer

Les dix crêpes restantes, ainsi que le reste des framboises, des mûres et du coulis, seront mises sur la table afin que chaque convive se serve à nouveau à son gré. C'est un dessert très convivial qui est toujours fort apprécié par les grands et les petits.

Pour faire le coulis de framboises, mettez l'eau et le sucre dans une casserole et à feu doux, amenez à ébullition pendant 3 minutes. Réservez à température ambiante. Une fois refroidi, mettez au mixer avec les framboises et le jus de citron pendant une minute, puis passer au chinois. Servez froid.

Disposez une crêpe tiède par assiette. Répartissez quelques framboises et mûres sur ces dernières. Recouvrez d'une autre crêpe en ramenant la moitié sur elle-même. Versez un peu de coulis de framboises par endroits, au goût, arrangez un petit bouquet de menthe, saupoudrez d'un petit peu de sucre glace et servez aussitôt.

Recette illustrée à la page précédente

Crêpes tièdes aux pommes et Kumquats confits

Pour : 4 personnes

2 pommes Bromley de préférence
30 g de beurre
5 cl d'eau
8 kumquats confits
4 crêpes (recette page 169)
sucre glace pour la présentation

Épluchez les pommes à l'économe, coupez-les en morceaux et faites-les cuire dans une casserole à l'étouffée avec le beurre et l'eau. Une fois cuites, fouettez-les pour obtenir une compote bien lisse.

Coupez les kumquats en rondelles de 2 à 3 mm d'épaisseur. Mélangez-les à la compote de pommes tièdes. Répartissez et étalez au centre des quatre crêpes le mélange compote/kumquats puis roulez les crêpes en forme de rouleau.

Arrangez une crêpe par assiette préchauffée et saupoudrez d'un voile de sucre glace. Servez aussitôt.

Une crème anglaise à la vanille (recette page 216)
servie à part sera très appréciée.

Crêpes aux crudités de saison

Pour : 4 personnes

8 crêpes (recette page 168) sans parfum ni sucre
1 à 2 cuil. à soupe de persil ciselé
Pour la garniture
150 g de carottes
50 g d'oignon rouge haché (ou d'échalote)
50 g de sultanas
30 g de pignons de pin grillés
2 œufs durs (recette page 19) hachés
2 cuil. à soupe de persil ciselé
5 cuil. à soupe d'huile d'arachide
2 cuil. à soupe de vinaigre de vin
sel et poivre du moulin
des segments de citrons

Préparez d'abord les crêpes selon la technique page 168, sans parfum ni sucre mais avec un peu de persil ciselé dans la pâte.

Mélangez les carottes râpées et l'oignon rouge haché (ou les échalotes).

Faites blanchir les sultanas dans l'eau bouillante pendant 10 secondes, puis rafraîchissez-les à l'eau froide et égouttez. Ajoutez les sultanas aux carottes râpées, ainsi que les pignons de pin grillés et mélangez bien.

Mélangez les œufs durs hachés et le persil ciselé.

Mélangez l'huile et le vinaigre pour faire la vinaigrette. Salez et poivrez au goût. Ajoutez au mélange carottes/sultanas/pignons.

Arrangez une crêpe par assiette. Répartissez la garniture sur les quatre crêpes, recouvrez d'une autre crêpe et parsemez le dessus de cette dernière d'œuf dur haché. Servez avec un segment de citron.

Selon les saisons, on peut remplacer les carottes par du céleri-rave ou de la betterave râpée. Ce plat est un hors-d'œuvre très frais et goûteux.

Crêpes chaudes fourrées à l'émincé de volaille et champignons, sauce Mornay

Pour : 4 personnes **Préparation :** 15 minutes **Cuisson :** 10 minutes (pour le poulet)

1/2 dose de pâte à crêpe (recette page 168) sans sucre ni parfum
10 g de persil ciselé

Pour la garniture

2 suprêmes de poulet de 150 à 200 g chacun
20 cl de fonds de volaille
150 g de petits champignons de Paris
40 g de beurre
le jus d'1/2 citron
sel et poivre du moulin
20 g de persil plat ciselé (facultatif)
1 dose de sauce Mornay (recette page 299)

Préparez quatre crêpes, en utilisant la demi-dose de pâte à crêpe parfumée au persil selon la recette page 168. Chaque crêpe aura un diamètre de 26 cm environ et sera cuite un soupçon plus épaisse que celles servies en dessert.

Enlevez la peau des suprêmes de poulet, placez-les dans un plat mi-creux, versez dessus le fond de volaille et pochez-les à feu doux, environ 90 °C, pendant 10 minutes. Réservez-les dans leur pochade à température ambiante jusqu'à refroidissement.

Essuyez les champignons avec un torchon humidifié ou bien lavez-les à l'eau froide, et émincez-les. Dans une poêle, mettez le beurre à fondre puis ajoutez-y les champignons, et faites-les cuire à feu moyen pendant 2 à 3 minutes. En fin de cuisson, ajoutez le jus de citron, assaisonnez en sel et poivre, ajoutez le persil si utilisé et réservez dans un bol. Émincez les suprêmes de poulet en gros bâtonnets puis mélangez-les aux champignons. Versez ce mélange dans la sauce Mornay bouillante et assaisonnez au goût. Mettez une crêpe tiède sur chaque assiette, répartissez le mélange poulet/champignons sur les crêpes en étant plus généreux sur l'un des côtés des crêpes. Pliez la base des crêpes, c'est-à-dire le côté le moins garni.

Gaufres

Pour : 6 personnes **Préparation :** 15 minutes **Cuisson :** 3 à 4 minutes

160 g de farine
15 g de sucre semoule
1 pincée de sel
50 g de beurre fondu
2 œufs (2 jaunes/2 blancs)
27 cl de lait
fleur d'oranger (ou zeste de citron ou vanille)

20 g de beurre pommade pour beurrer le gaufrier
1 pincée de sucre
sucre glace, semoule, miel ou sirop d'érable

1 gaufrier électrique

Un vrai dessert de grand-mère
que tout le monde adore sans penser au régime.

Dans une terrine, mettez la farine, le sucre, le sel, le beurre fondu, les jaunes d'œufs et à peu près un tiers de lait. Travaillez au fouet doucement et dès l'obtention d'une masse homogène, incorporez petit à petit et toujours au fouet le reste du lait. Ajoutez la fleur d'oranger. Recouvrez d'un papier film et réservez l'appareil à température ambiante.

Préchauffez le gaufrier en le branchant 5 à 10 minutes avant de commencer la cuisson des gaufres. Fouettez les deux blancs d'œufs avec une pincée de sucre. Une fois montés mi-fermes, incorporez-les à l'appareil, mais sans trop les travailler.

Au pinceau, beurrez légèrement l'intérieur du gaufrier et versez assez d'appareil pour recouvrir le damier du moule. Refermez le couvercle et laissez cuire 3 à 4 minutes, en fonction de la puissance de chauffe du gaufrier et de vos goûts. Il suffit de renouveler à chaque fois la même opération jusqu'à ce que l'appareil soit entièrement utilisé. Beurrez le gaufrier toutes les 3 ou 4 gaufres.

Servez-les aussitôt cuites, sur une assiette ou un grand plat. Saupoudrez-les de sucre glace ou semoule, ou arrosez-les d'un peu de miel ou de sirop d'érable.

Au Waterside Inn, nous en servons durant l'année, accompagnées de crème Chiboust, de myrtilles ou de glace vanille ou à la pistache (recette page 238).

Clafoutis aux cerises

Pour : 8 personnes **Préparation :** 15 minutes **Cuisson :** 35 minutes environ

2 œufs entiers
80 g de farine
80 g de beurre fondu refroidi
60 g de sucre cristal
15 cl de lait froid
1 gousse de vanille fendue en son milieu
350 g de cerises bien mûres dénoyautées
100 g de beurre
1 pincée de sucre semoule pour saupoudrer en fin de cuisson

On peut varier les fruits selon les saisons. Choisissez des fruits à chair tendre. Reine-Claude, mirabelles, mûres et poires sont parmi mes favoris. Une cuillère à soupe d'alcool de fruits dans l'appareil renforcera le goût des fruits et sera « la cerise sur le gâteau ».

Dans un bol, mettez les œufs, battez-les très légèrement à la fourchette et ajoutez-y la farine. Mélangez au fouet le beurre fondu, puis graduellement le sucre et le lait. Avec la pointe d'un couteau, grattez l'intérieur de la gousse de vanille et ajoutez à l'appareil.

Préchauffez le four à 200 °C. Beurrez généreusement un moule ou un plat en porcelaine allant au four d'environ 20 cm de diamètre et 5 cm de profondeur. Répartissez-y les cerises, puis versez l'appareil sur celles-ci.

Mettez au four en prenant soin que l'appareil ne déborde pas du plat, et cuire à 200 °C pendant environ 10 minutes, puis réduisez la température du four à 180 °C. Répartissez alors sur la surface du clafoutis le reste du beurre coupé en petits morceaux, et laissez cuire pendant environ 25 minutes de plus.

Afin de vérifier la cuisson, il suffira d'y enfoncer délicatement la pointe d'un couteau. Si cette dernière ressort propre et lisse, le clafoutis est cuit. Saupoudrez d'un peu de sucre cristal et réservez à température ambiante. Servez tiède dans le plat de cuisson. Laissez chacun se servir avec une pelle à tarte, c'est tellement plus convivial !

Recette illustrée à la page précédente

Beignets de poire et de pommes

Pour : 4 personnes **Préparation :** 20 minutes **Cuisson :** 3 à 4 minutes

5 g de levure de boulanger
60 cl de lait
100 g de farine
5 cl de bière blonde
1 jaune d'œuf
1 pincée de sel
1 cuil. à soupe d'huile d'arachide
1 pomme Cox de préférence
1 poire Comice de préférence
le jus d'un citron
1 litre d'huile d'arachide pour cuire les beignets
1 ½ blanc d'œuf
1 pincée de sucre pour les blancs d'œuf et pour saupoudrer les beignets une fois cuits

Un coulis de fruits rouges (recette page 172) ne peut que rendre cette gourmandise encore plus tentante. Attention, ces beignets sont délicieux aussitôt frits mais ils seront aussi très chauds.

Délayez dans un petit bol la levure au fouet avec la moitié de lait. Dans une terrine, mettez la farine, la bière, le reste du lait, le jaune d'œuf et le sel et mélangez au fouet doucement. Une fois le mélange bien homogène, versez le mélange lait/levure et la cuillère d'huile, mélangez bien, recouvrez de papier film et réservez pendant deux heures.

Épluchez les fruits à l'économe la pomme et la poire. Coupez-les en 8 ou 10 quartiers, épépinez-les et arrosez-les du jus de citron.

Préchauffez l'huile d'arachide à 170 °C. Dans un petit bol, montez les blancs d'œuf mi-fermes avec une pincée de sucre. Mélangez-les à la spatule à l'appareil. À l'aide d'une fourchette, trempez les quartiers de pommes dans l'appareil puis transférez-les bien enrobés de pâte dans la friture. Laissez-les prendre une belle couleur blonde, soit une cuisson d'environ 3 à 4 minutes. Lorsque les beignets sont cuits, ils surnageront. Retournez-les en milieu de cuisson puis placez-les sur du papier absorbant. Procédez de la même façon pour les poires, 2 à 3 minutes de cuisson suffiront.

Servez-les aussitôt sur une grande assiette habillée d'une serviette, saupoudrés d'un peu de sucre semoule.

Beignets de fruits de mer et de lotte

Pour 4 **Préparation** : 20 minutes **Cuisson** : 2 à 4 minutes

100 g de farine
10 cl d'eau froide
5 cl de vinaigre de vin blanc
1 œuf
sel et poivre du moulin
8 gambas
1 calamar d'environ 200 g, vidé, nettoyé et coupé en rouelles
4 tranches « médaillon » de lotte d'environ 75 g chacune
1 litre d'huile d'arachide (pour la friture)
1 citron coupé en quatre

J'aime cette pâte à frire légère et croustillante. Elle enveloppe sans excès les produits frits, ce qui est préférable pour les poissons et crustacés.

Mettez la farine dans une terrine puis ajoutez l'eau, le vinaigre, l'œuf et mélangez au fouet. Salez très légèrement et poivrez au goût. Réservez pendant 20 minutes, recouvert d'un papier film, à température ambiante.

Décortiquez les gambas tout en gardant la tête attenante à la queue. Rincez les rouelles de calamar et épongez-les bien. Ne rincez pas les médaillons de lotte mais épongez-les sur du papier absorbant.

Chauffez l'huile à 180 °C. Trempez les rouelles de calamar et les médaillons de lotte à l'aide d'une fourchette dans la pâte à beignets, puis transférez-les dans la friture. Pour les gambas, trempez seulement la queue dans la pâte à frire, en les tenant avec les doigts par les antennes.

Les calamars et les gambas cuisent en 2 minutes. Il faudra 3 à 4 minutes pour la cuisson des médaillons de lotte. Retirez les beignets de la friture dès qu'ils sont cuits avec une écumoire, et épongez-les sur du papier absorbant.

Arrangez selon vos goûts les beignets sur un grand plat habillé d'une serviette. Servez aussitôt avec quelques quartiers de citron, en prenant garde à l'huile bouillante.

Yorkshire puddings aux oignons caramélisés et chipolata

Pour : 6 personnes **Préparation :** 20 minutes **Cuisson :** 1 heure environ

Pour la pâte liquide

2 œufs
70 g de farine
20 cl de lait demi-écrémé
sel et poivre du moulin au goût

Pour la garniture

80 g de beurre
1 gros oignon d'environ 300 g finement émincé
1 pincée de sucre
2 cuil. à soupe de beurre clarifié ou d'huile d'arachide
18 petites chipolatas blanchies
10 cl de graisse de cuisson de rôti de bœuf ou d'huile d'arachide

Battez les œufs dans une terrine au fouet pendant 5 secondes. Versez la farine en remuant au fouet, puis ajoutez le lait doucement, salez et poivrez. Recouvrez la terrine de papier film et réservez au réfrigérateur pendant 2 heures.

Mettez le beurre à fondre dans une petite casserole, puis ajoutez l'oignon et laissez-le cuire à feu doux tout en remuant toutes les 5 minutes pendant 30 minutes.
À ce stade, il doit être cuit et moelleux. Saupoudrez de sucre, augmentez la source de chaleur et remuez à la spatule toutes les minutes afin de le faire caraméliser.
Réservez au chaud.

Dans une poêle, faites chauffer le beurre clarifié ou l'huile à feu moyen, puis faites-y dorer les saucisses pendant 3 à 4 minutes. Réservez-les au chaud.

Préchauffez le four à 220 °C, puis enfournez la plaque de moules de cuisson des yorkshire puddings avec 1/2 cm de graisse de bœuf ou d'huile (si utilisée) dans chaque moule. Après 4 ou 5 minutes, la plaque doit être brûlante et la graisse dégagera un début de fumée. Versez la pâte liquide dans chaque moule jusqu'à ce que la graisse arrive presque jusqu'en haut du moule. Faites cuire à 220 °C pendant 25 à 30 minutes. Les puddings devront être bien dorés et croustillants tout en restant un peu moelleux à l'intérieur. Démoulez-les en faisant attention de ne pas vous brûler. Posez un pudding par assiette, remplissez la cavité du milieu avec un peu d'oignon puis arrangez deux ou trois chipolatas et servez brûlant.

Pâtes à choux, Fonds de quiche et de tarte

La qualité gustative des pâtes fraîches est tellement supérieure à celle des pâtes industrielles que j'encourage tout le monde à les préparer soi-même. La pâte à nouilles est vite prête, elle se façonne et se découpe rapidement à l'aide d'une machine à pâte dont je recommande l'achat sans hésiter. Elle vous servira très souvent car il n'y a pas de saison pour servir les pâtes. Elles se mangent lorsqu'on a une petite faim ou pour le plaisir. Mêlées à des légumes tendres, des fruits de mer, agrémentées de fromage râpé ou d'herbes fines, arrosées d'un filet d'huile d'olive ou simplement à la carbonara (voir recette page 213), elles seront appréciées par tous et pourront être servies plusieurs fois par semaine. À tort ou à raison, la pâte à choux fait penser au sucré plus qu'au salé. J'ai donc décidé dans ce chapitre de faire figurer les gougères que je sers souvent au Waterside Inn en guise de canapés. On peut également fourrer les petits choux d'une sauce Mornay (recette page 299) et servir ces derniers tièdes en hors-d'œuvre avec quelques feuilles de salade verte mêlées de roquette. En fait, ce chapitre regorge de recettes délicieuses.

Pâte à choux

Pour : 40 à 50 petits choux **Préparation** : 15 minutes

12,5 cl d'eau
12,5 cl de lait
100 g de beurre coupé en petits carrés
3 g de sel
5 g de sucre
150 g de farine
4 œufs

Mettez l'eau, le lait, le beurre, le sel et le sucre à chauffer à feu doux dans une casserole. Dès l'ébullition, hors du feu, versez la farine en pluie dans le liquide bouillant et mélangez à la spatule jusqu'à complète homogénéité.

Remettez sur la source de chaleur moyenne pour obtenir le « desséchage ». On doit remuer sans cesse la masse à la spatule pendant une minute environ puis transvidez la masse desséchée dans une terrine.

La pâte à choux se couche de préférence sur du papier sulfurisé, en quinconce, à la poche montée d'une douille d'un centimètre de diamètre pour des petits choux. Elle peut être dorée au pinceau puis rayée d'une légère pression avec le dos d'une fourchette. Faites-les cuire dans un four à 200 °C, pendant 15 à 20 minutes.

Incorporez les œufs petit à petit en travaillant toujours à la spatule. Une fois les œufs absorbés par la masse, cette dernière doit être lisse et former un ruban épais. La « pâte à choux » est prête à l'emploi. Dans le cas où on ne l'utilise pas immédiatement, disposez sur la surface le tiers d'un œuf battu, ce qui empêchera ainsi la formation d'une croûte.

Les choux devront avoir la coque et la base sèches et croustillantes tout en gardant l'intérieur moelleux.

Petits choux à la mousse au café et dambruie

Pour : 40 à 50 petits choux **Préparation :** 30 minutes **Cuisson :** 15 à 20 minutes

Pâte à choux

12,5 cl d'eau
12,5 cl de lait
100 g de beurre coupé en petits carrés
½ cuil. à café de sel
1 cuil. à café de sucre
150 g de farine
4 œufs
1 œuf mélangé à 1 cuil. à soupe de lait

Pour la mousse au café

100 g de crème fraîche légère
20 g de sucre
½ dose de crème pâtissière (recette page 220)
4 cuil. à soupe de Nescafé en poudre dilué dans 2 cuil. à soupe d'eau tiède
7,5 cl de drambuie

sucre glace
cacao en poudre

Pour faire la pâte à choux se reporter à la méthode, technique et cuisson de la pâte à choux, de la page 188.

Pour faire la mousse, fouettez la crème et ajoutez le sucre. Mélangez successivement au fouet la crème fouettée, le café dilué et le drambuie à la crème pâtissière.

Avec la pointe d'un petit couteau, pratiquez une petite ouverture sur le côté de chaque chou. Remplissez une poche montée d'une petite douille unie d'un demi-centimètre de diamètre avec la crème pâtissière au café et au drambuie et fourrez chaque chou généreusement.

Saupoudrez la moitié des choux d'un peu de sucre glace et l'autre moitié de cacao en poudre. Arrangez sur une petite assiette au moins quatre choux par personne et servez « sans réfrigérer » à température de la pièce.

On peut diminuer ou augmenter la quantité de drambuie selon les goûts. J'aime ces choux servis en fin de repas mais aussi l'après-midi pour un thé entre amis.

Gougères

Pour : 40 à 50 gougères **Préparation :** 20 minutes **Cuisson :** 15 à 20 minutes

Pâte à choux

12,5 cl d'eau
12,5 cl de lait
100 g de beurre coupé en petits carrés
½ cuil. à café de sel
1 cuil. à café de sucre
150 g de farine
4 œufs
1 œuf pour la dorure, mélangé à 1 cuil. à soupe de lait

Parfums

100 g de gruyère ou comté râpé
1 pincée de cayenne
1 petite pincée de noix de muscade
1 peu de paprika doux (facultatif)

Faites la pâte à choux en suivant la méthode de préparation de la page 188. Lorsque le dernier œuf a été absorbé et la masse est bien lisse, il suffira d'ajouter à la pâte à choux les trois quarts du fromage râpé, le cayenne, la muscade et le paprika si utilisé, sans trop travailler.

Procédez ensuite comme pour les choux nature pour les détailler et les coucher. Une fois ces derniers dorés à la dorure et marqués à la fourchette, saupoudrez-les du reste de fromage râpé et cuisez-les selon la méthode de la page 188. Réservez les gougères sur une grille dès la sortie du four.

Arrangez les gougères sur un plat ou une assiette et servez-les tièdes telles quelles ou saupoudrez d'un voile de paprika doux, selon vos goûts.

Un amuse-bouche qui est souvent offert en fin de dégustation dans les chais bourguignons. Il est également absolument parfait comme canapé. On peut aussi fourrer les gougères de sauce Mornay (recette page 299) et les servir tièdes en pré-hors-d'œuvre.

Pâte à foncer

Pour : 480 g de pâte **Préparation :** 15 minutes

Cette pâte est parfaite pour foncer les tartes, les tartelettes et les quiches.

250 g de farine
125 g de beurre coupé en petits cubes, légèrement ramolli
1 œuf
2 cuil. à café de sucre semoule
1 cuil. à café de sel
4 cl d'eau froide

Placez la farine sur la surface de travail en marbre de préférence et formez une fontaine. Disposez au centre le beurre, l'œuf, le sucre et le sel fin. Du bout des doigts, mélangez les ingrédients situés dans le centre de la fontaine, puis ramenez par petites quantités la farine au centre.

Lorsque tous les ingrédients sont presque amalgamés, ajoutez l'eau froide. Fraisez deux ou trois fois avec la paume de la main afin d'obtenir une complète homogénéité. Réservez la pâte enveloppée d'un papier sulfurisé ou d'une feuille de papier film, et conservez au réfrigérateur pendant quelques heures.

Pâte sucrée

Pour : 520 g de pâte **Préparation** : 15 minutes

250 g de farine
100 g de beurre légèrement ramolli, coupé en petits cubes
100 g de sucre glace
1 petite pincée de sel
2 œufs entiers

Placez la farine sur la surface de travail, en marbre de préférence, et formez une fontaine. Disposez au centre le beurre, le sucre et le sel. Du bout des doigts, mélangez tous les ingrédients au centre de la fontaine, ajoutez les deux œufs puis petit à petit ramenez la farine au centre et mélangez l'ensemble.

Lorsque tous les éléments sont bien mélangés, fraisez deux ou trois fois avec la paume de la main afin d'obtenir une complète homogénéité. Formez une boule, enveloppez-la d'un papier film et conservez-la au réfrigérateur pendant quelques heures avant l'emploi.

Cette pâte est parfaite pour les fonds cuits à blanc, tartes et tartelettes telles que ma tarte aux fraises (recette page 206) ou au citron (recette page 205). Elle est moins fragile et donc plus facile à travailler que la pâte sablée. Elle se garde très bien quelques jours au réfrigérateur et plusieurs semaines au congélateur.

Technique pour fonçage des fonds et cuisson à blanc des tartes et des quiches

Choisissez de préférence un marbre pour abaisser la pâte et farinez continuellement mais sans excès « d'un voile de farine ».

Tournez l'abaisse à chaque coup de rouleau d'un quart de tour afin d'obtenir un rond le plus régulier possible. Enroulez l'abaisse autour du rouleau, une fois l'épaisseur désirée obtenue et déroulez-la délicatement sur un cercle ou moule à tarte beurré.

À l'aide du pouce, du bout des doigts et de l'index, foncez la pâte de façon à ce qu'elle adhère parfaitement sur toutes les surfaces intérieures du moule.

Découpez l'excès de pâte en roulant le rouleau sur le cercle ou le moule, puis avec l'index et le pouce, formez une petite crête. Réservez au moins 20 minutes au réfrigérateur avant de cuire.

Une fois la pâte précuite, retirez les noyaux et le papier et remettez au four pendant 10 à 15 minutes, selon la pâte utilisée et l'épaisseur de cette dernière, pour finir la cuisson.

Piquez le fond de tarte avec les pointes d'une fourchette en 5 ou 6 endroits. Chemisez l'intérieur de papier sulfurisé et remplissez jusqu'au bord de noyaux de cuisson ou de légumes secs. Cuisez au four entre 200 et 220 °C pendant 20 minutes environ.

Quiche lorraine

Pour : 8 à 10 personnes **Préparation** : 25 minutes **Cuisson** : 60 minutes

350 g de pâte à foncer (recette page 194)
20 g de beurre pour beurrer le cercle
1 pincée de farine

Pour la garniture

1 cuil. à soupe d'huile d'arachide
200 g de poitrine de porc salée, découennée, coupée en petits lardons, blanchie, rafraîchie et égouttée
200 g de gruyère ou comté grossièrement râpé
3 œufs entiers
6 jaunes d'œufs
60 cl de crème double
sel et poivre du moulin
1 pincée de noix de muscade
2 cuil. à soupe de kirsch (facultatif)
40 g de gruyère ou comté coupé en fines lamelles

Matériel

1 cercle à tarte de 22 cm de diamètre par 3 cm de hauteur approximativement

Foncez et faites précuire la pâte selon la méthode de la page 196. Réservez à température ambiante et augmentez alors la température du four à 220 °C.

Pour faire la garniture de la quiche, mettez l'huile à chauffer à feu moyen dans une poêle à revêtement non adhésif de préférence. Ajoutez les lardons et faites-les dorer pendant une minute. Répartissez-les dans le fond de quiche cuit à blanc, puis ajoutez le gruyère ou le comté râpé.

Dans une terrine, mélangez au fouet sans trop travailler les œufs, les jaunes et la crème. Assaisonnez en sel, poivre et muscade puis ajoutez le kirsch si utilisé.

Versez l'appareil dans le fond sur les lardons et le gruyère et enfournez aussitôt. Faites cuire à 220 °C pendant 20 minutes, puis réduisez la température du four à 200 °C et laissez cuire pendant 15 minutes de plus. Répartissez sur la surface de la quiche les lamelles de gruyère et laissez cuire pendant 5 minutes de plus. Dès la sortie du four, glissez à l'aide d'une grande palette la quiche sur une grille à pâtisserie et enlevez délicatement le cercle en donnant un léger mouvement de rotation. Servez-la chaude ou tiède mais pas brûlante.

Flamiche aux poireaux

Pour : 8 à 10 personnes **Préparation :** 30 minutes **Cuisson :** 60 minutes

350 g de pâte à foncer (recette page 194)
20 g de beurre
farine
Pour la garniture
1 kg de poireaux
80 g de beurre
sel et poivre du moulin
10 cl de crème fraîche double
5 jaunes d'œufs
15 g de curry de Madras (facultatif)
Matériel
1 cercle à tarte de 22 cm de diamètre par 3 cm de hauteur approximativement

Le curry apporte une note agréable à ce mets classique d'origine champenoise. Le poireau se marie très bien avec cette épice sans perdre sa saveur, bien au contraire.

Coupez la barbe de poireaux puis enlevez les parties les plus vertes. Fendez-les en deux dans la longueur et lavez-les sous un filet d'eau froide. Coupez-les au couteau sur leur longueur en morceaux d' ½ cm environ. Dans une casserole, mettez à fondre 60 g de beurre, ajoutez-y les poireaux, assaisonnez d'un peu de sel et de poivre puis faites suer à feu doux à couvert pendant 20 à 30 minutes en remuant à la spatule. Réservez-les dans une terrine à température ambiante jusqu'à ce qu'ils soient bien refroidis.

Foncez et faites précuire la pâte selon la méthode de la page 196. Réservez à température ambiante.

Fouettez très légèrement la crème fraîche avec les jaunes d'œufs et le curry si utilisé, puis mélangez à la spatule les poireaux refroidis.

Versez l'appareil dans le fond précuit et enfournez aussitôt. Cuire pendant 40 minutes à 200 °C. Le dessus doit être légèrement doré et l'appareil cuit mais délicat au toucher. Sortez alors du four et glissez la flamiche sur une grille à pâtisserie. Enlevez le cercle en donnant un léger mouvement de rotation. Servez-la de préférence chaude ou tiède mais pas brûlante.

Petits flans aux pruneaux

Pour : 6 personnes **Préparation** : 20 minutes **Cuisson** : 18 minutes

Ingrédients

480 g de pâte à foncer, soit une dose (recette page 194)
30 g de beurre
1 pincée de farine

Pour la garniture

500 g de crème pâtissière soit 2/3 d'une dose (recette page 220) à laquelle j'ai substitué la moitié de la farine par l'équivalent de poudre à flan
24 pruneaux d'Agen de préférence, bien moelleux, dénoyautés

Matériel

6 moules à tartelettes de 10 cm de diamètre par 3 cm de hauteur approximativement

Un plat un peu rustique, qui plaît toujours, peut-être plus à l'heure du thé qu'en fin de repas. Il me rappelle mon enfance, lorsque les pâtisseries et les boulangeries en offraient de pleines devantures.

Foncez et faites précuire la pâte dans des moules individuels selon la méthode de la page 196 en ne laissant cuire que 12 minutes au lieu de 20. Sortez les fonds du four, ils doivent être aux trois quarts cuits. Retirez les noyaux et le papier, et gardez les fonds dans leur moule à température de la pièce. Augmentez la température du four à 220 °C.

Répartissez la crème pâtissière bien chaude sur les fonds. Posez dans chaque flan quatre pruneaux en les pressant dans la crème afin qu'ils y disparaissent aux deux tiers et enfournez à 220 °C pendant 5 à 6 minutes. Sortez-les du four une fois cuits. La surface doit être légèrement dorée. En s'aidant avec la pointe d'un petit couteau, démoulez-les et placez-les sur une grille à pâtisserie.

Servez sur des assiettes individuelles lorsque les flans sont encore tièdes ou bien juste refroidis.

Un de mes desserts
préférés, d'une fraîcheur
surprenante. On peut
remplacer la meringue
par 30 à 40 g de sucre
cassonade qu'on
saupoudrera sur la tarte
et qu'on glacera
au chalumeau,
tout comme pour
une crème brûlée.

Tarte au citron meringuée

Pour : 8 à 10 personnes **Préparation :** 40 minutes **Cuisson :** 1 h 40 environ

550 g, de pâte sucrée (recette page 195)
20 g de beurre pour beurrer le cercle
1 pincée de farine
Pour la garniture
4 citrons
9 œufs
375 g de sucre semoule
30 cl de crème double bien froide
1 jaune d'œuf et une cuil. à café de lait pour la dorure
200 g de meringue italienne (recette page 256)
Matériel
1 cercle à tarte « entremets » de 20 cm de diamètre par 4 cm de hauteur

Foncez la pâte selon la méthode de la page 196. Réservez au réfrigérateur pendant au moins 20 minutes. Préchauffez le four à 200 °C.

Lavez à l'eau froide les citrons et râpez la peau à la râpe fine. Réservez les zestes puis extrayez le jus des quatre citrons et passez-le au chinois afin d'éliminer la pulpe et les pépins. Cassez les œufs dans une terrine et travaillez-les au fouet très légèrement avec le sucre jusqu'à l'obtention d'un mélange bien homogène. Dans une terrine, travaillez la crème fraîche au fouet très légèrement jusqu'à consistance d'un mi-ruban léger. Mélangez les œufs au jus et aux zestes de citron puis ajoutez le tout à la crème mi-fouettée sans trop travailler. Réservez l'appareil au réfrigérateur.

Faites précuire la pâte selon la technique de la page 197. Aussitôt légèrement refroidie, enduisez l'intérieur du fond de tarte de dorure avec un pinceau et enfournez pendant 5 minutes, afin que la dorure soit bien séchée et légèrement colorée. Ramenez alors la température du four à 150 °C.

Mélangez l'appareil puis versez-le dans le fond de tarte et enfournez immédiatement. Faites cuire à 150 °C pendant environ 1 h 20. Laissez-la refroidir à température ambiante pendant 3 à 4 heures.

À la poche montée d'une grosse douille cannelée, recouvrez le dessus avec la meringue italienne en formant un beau décor, puis faites dorer au chalumeau ou sous la salamandre. Réservez la tarte à température ambiante jusqu'au moment de la servir.

Tarte aux fraises

Pour : 8 à 10 personnes **Préparation :** 25 minutes **Cuisson :** 30 minutes

400 g de pâte sucrée (recette page 195)
20 g de beurre pour beurrer le cercle
1 pincée de farine
150 g de crème pâtissière (recette page 220)
7,5 cl de crème fraîche double fouettée au ruban
30 g de sucre
500 g de fraises équeutées
sucre glace (pour la présentation)
1 dose de coulis de fruits rouges (facultatif)

Matériel

1 cercle de 20 cm de diamètre par 3 cm de hauteur environ

Peu de choses à dire sur cette tarte aux fraises qui représente si bien pour moi le rêve des gosses et le plaisir des adultes. J'aime un peu de coulis sur le côté de ma tarte aux fraises, mais c'est à vous de décider…

Foncez la pâte et faites-la précuire selon la méthode de la page 196. Réservez à température ambiante.

Mélangez au fouet la crème pâtissière à la crème fraîche préalablement sucrée. Répartissez-la de façon uniforme dans le fond de tarte. Arrangez sur la surface de la crème les fraises entières si ces dernières sont petites ou coupées en deux ou en quatre si ces dernières sont très grosses. Saupoudrez d'un voile de sucre glace juste avant de servir.

Présentez la tarte sur un plat rond et découpez-la à table avec un couteau à lame fine bien aiguisée. Une pelle à tarte sera utile pour servir cette tarte relativement fragile. Le coulis de fruits rouges sera servi à part en saucière, si utilisé.

Pâte à nouilles

Pour : 350 g de pâte environ
Préparation : 30 minutes

Les pâtes fraîches se conservent très bien un ou deux jours au réfrigérateur mais elles seront tellement meilleures cuites aussitôt détaillées !

250 g de farine italienne 00
1 œuf entier
4 jaunes d'œufs
1 cuil. à soupe d'eau froide
1 cuil. à soupe d'huile d'olive
1 pincée de sel fin

Placez la farine sur la surface de travail (en marbre de préférence) et formez une fontaine. Disposez au centre le reste des ingrédients.

Du bout des doigts, mélangez les ingrédients au centre de la fontaine, puis petit à petit ramenez la farine au centre.

Une fois la masse presque homogène, fraisez 4 à 5 fois avec la paume de la main puis boulez la pâte à nouilles, enveloppez-la de papier film et réservez-la au moins une heure au réfrigérateur.

Divisez la pâte à nouilles en deux, puis à l'aide d'une machine à pâtes, passez la pâte avec les cylindres écartés au maximum et repassez-la plusieurs fois en diminuant l'écartement des cylindres à chaque passage de la pâte jusqu'à l'obtention d'une abaisse d'une épaisseur de 1,5 mm. Repassez l'abaisse une deuxième fois, ce qui évitera qu'elle ne se rétracte au découpage.

Montez la machine à pâtes avec la filière appropriée au découpage désiré (voir photo ci-contre). Procédez au découpage des *linguini* et déposez ces dernières une fois coupées sur une feuille de papier sulfurisé (ou parchemin) légèrement farinée afin de les laisser s'aérer ce qui évitera qu'elles se tassent.

Il suffira de cuire les pâtes à l'eau bouillante légèrement salée à laquelle on aura ajouté un filet d'huile d'olive. La cuisson des pâtes fraîches ne demande que quelques minutes. La durée exacte dépendra de l'épaisseur, de la largeur et de la grosseur des pâtes et de votre préférence pour les pâtes « à la dent » ou non. La cuisson la plus prisée ne demandera pas plus de deux minutes pour des *linguini*.

Tagliatelles aux petits primeurs Les légumes suivants, petits pois, fleurettes de brocoli, fèves, courgettes coupées en rouelles, mange-tout, seront délicieux blanchis pendant quelques secondes et rafraîchis. Il suffira ensuite de les faire suer dans un peu d'huile d'olive à feu doux pendant une à deux minutes, d'y ajouter quelques feuilles de basilic ciselé et une pointe d'ail écrasée, avant de les mélanger à des tagliatelles cuites « à la dent ». Un bol de parmesan fraîchement râpé servi à part complétera le plaisir d'un plat simple mais plein de saveurs.

Spaghettis aux fruits de mer et aux tomates cerise Quelques moules cuites à l'étouffée puis décoquillées, des bulots et des crevettes achetées cuites et décortiquées, des coquilles Saint-Jacques légèrement pochées ou poêlées puis coupées en tranches, seront exquises mélangées à des spaghettis cuits « à la dent ». J'aime y ajouter quelques tomates cerise que je prépare quelques heures avant selon la méthode de mes œufs brouillés à la portugaise (recette page 103). Enfin, je sers à part un peu de sauce pistou que vous pouvez trouver toute prête dans le commerce mais qui demande peu de temps à concocter et dont les senteurs embaumeront la maison ; aussi, inutile de dire que je préfère la préparer moi-même.

Pâtes à la carbonara

Pour : 4 personnes **Préparation :** 25 minutes **Cuisson :** 1 à 2 minutes pour les pâtes

3 cuil. à soupe d'huile d'olive
200 g d'oignons hachés
1 gousse d'ail écrasée, finement hachée
200 g de fines tranches de bacon
ou de pancetta
15 cl de crème double
4 jaunes d'œuf
10 g de persil plat ciselé
sel et poivre du moulin
350 g de *linguini* fraîches de préférence
(recette de la pâte à nouilles page 208)
60 g de parmesan râpé

Matériel

1 plat de service mi-creux allant au four
en poterie ou en grès

Chauffez le plat de service dans un four à 160 °C pendant 10 minutes. Dans une poêle à revêtement antiadhésif de préférence, mettez à chauffer à feu très doux une cuillère à soupe d'huile d'olive et faites suer les oignons pendant 2 minutes. Ajoutez l'ail, mélangez intimement puis réservez dans une terrine.

Dans une autre poêle sans matière grasse, faites saisir le bacon ou la pancetta à feu moyen, juste le temps d'obtenir une légère coloration. Sur une planche, coupez les tranches en morceaux d'environ un centimètre, puis réservez-les avec le mélange oignons/ail au chaud.

Dans une terrine, mélangez la crème fraîche aux jaunes d'œuf et au persil. Salez et poivrez légèrement. Dans une casserole d'eau bouillante salée à laquelle on aura ajouté une cuillère à soupe d'huile d'olive, cuire les *linguini* pendant 1 à 2 minutes pour une cuisson « à la dent » ou selon votre goût. Égouttez-les. Sortez le plat du four, versez une cuillère à soupe d'huile d'olive dans le fond du plat et déposez-y les pâtes.

Versez immédiatement le mélange crème, jaunes et persil, mélangez rapidement avec des pinces ou des fourchettes, puis ajoutez le mélange bacon, oignons et ail. Saupoudrez de parmesan, mélangez intimement mais sans excès et servez aussitôt.

Servez les *linguini* telles quelles dans le plat de poterie brûlant. Les invités se serviront avec des pinces ou mieux encore la « *mamma* » servira tout le monde.

Crèmes et Mousses

De couleurs et de textures différentes, les crèmes et les mousses sont utilisées d'une part pour fourrer, garnir ou masquer des génoises, des desserts ou des cakes et d'autre part pour être servies telles quelles, comme ma mousse au chocolat amer parfumée à l'orange, la crème au caramel parfumée au café, etc. Elles sont onctueuses, légères, un peu riches et donc à servir de préférence en petites portions. Elles peuvent se préparer à l'avance et elles se conservent très bien un jour ou deux au réfrigérateur. Elles sont appréciées servies en dessert à déjeuner, à goûter ou à dîner. Je me régale particulièrement de quelques cuillères de crème Chiboust avec mes gaufres tout juste sorties du moule et encore tièdes (recette page 221). La crème anglaise accompagne merveilleusement bien une multitude de desserts et elle peut être servie aussi comme un coulis avec des fruits rouges tels que fraises des bois, myrtilles et framboises. Les crèmes brûlées sont très prisées par tous les gourmands de desserts. Pour moi, ainsi que pour la majorité de mes clients au Waterside Inn, c'est la crème brûlée à la pistache qui est le summum. Essayez-la !

Crème anglaise

Pour : 75 cl environ
Préparation : 15 minutes

50 cl de lait
125 g de sucre semoule
1 gousse de vanille fendue en son milieu
6 jaunes d'œufs

Dans une casserole, mettez le lait, deux-tiers du sucre environ et la gousse de vanille. Amenez à ébullition à feu moyen.

Dans une terrine, travaillez au fouet les jaunes d'œufs et le reste du sucre, jusqu'à l'obtention d'un léger ruban.

À feu doux, finissez de pocher tout en remuant à la spatule jusqu'à ce que la crème nappe légèrement la spatule, elle doit être alors à une température de 79,4 °C. Au passage du bout du doigt, la trace de ce dernier doit rester bien nette. Retirez aussitôt de la source de chaleur. Versez la crème anglaise dans une terrine et réservez-la à température ambiante en la remuant de temps à autre à la spatule afin d'éviter la formation d'une peau jusqu'à complet refroidissement. Passez au chinois avant de servir.

Versez le lait bouillant sur les jaunes d'œuf tout en remuant au fouet, puis transvasez dans la casserole.

Elle pourra être conservée au réfrigérateur pendant un maximum de trois jours, dans un récipient hermétique de préférence.

Crème anglaise à la menthe fraîche

Pour : 75 cl environ (6 – 8 personnes) **Préparation :** 15 minutes

50 cl de lait
125 g de sucre semoule
75 g de menthe fraîche, grossièrement hachée
6 jaunes d'œufs

Cette crème anglaise à la menthe accompagne à merveille les baies rouges. Elle est en parfaite harmonie avec une glace au chocolat (recette page 242) ou avec mon entremets La Truffe et kumquats mi-confits (recette page 275).

Dans une casserole, mettez le lait et le sucre et portez à ébullition. Ajoutez alors la menthe puis hors du feu laissez infuser à couvert pendant 10 minutes.

Dans une terrine, travaillez les jaunes d'œufs avec le reste du sucre jusqu'à consistance d'un léger ruban. Remettez le lait à chauffer jusqu'à ébullition, puis versez-le sur les jaunes d'œuf en remuant sans cesse au fouet. Remettez le tout dans la casserole et chauffez à feu doux sans cesser de remuer à la spatule. La crème doit napper la spatule et au passage du bout du doigt laisser une trace bien nette.

Passez aussitôt la crème au chinois dans une terrine et réservez à température ambiante jusqu'à refroidissement en remuant de temps à autre à la spatule afin d'éviter la formation d'une peau. Une fois froide, conservez-la au réfrigérateur, recouverte d'un papier film.

Crème pâtissière

Pour : 750 g environ de masse **Préparation :** 10 minutes **Cuisson :** 5 à 6 minutes

6 jaunes d'œufs
125 g de sucre
40 g de farine
50 cl de lait
1 gousse de vanille fendue en son milieu
sucre glace

La crème pâtissière joue un rôle fondamental en pâtisserie. Je l'utilise dans ma Chiboust, mes flans aux pruneaux, mes petits choux à la mousse au café et drambuie, entre autres.

Dans une terrine, mettez les jaunes d'œufs avec environ un tiers du sucre. Travaillez au fouet immédiatement jusqu'à l'obtention de la consistance d'un ruban léger, ajoutez alors la farine et mélangez intimement toujours au fouet.

Dans une casserole, mettez le lait à bouillir avec le reste du sucre et la gousse de vanille. Dès l'ébullition, versez le lait tout en remuant le mélange jaunes, sucre et farine. Mélangez puis transvasez dans la casserole et à feu moyen, tout en remuant au fouet, mettez à cuire jusqu'à l'ébullition. Maintenez l'ébullition pendant 2 minutes puis réservez dans une terrine. Saupoudrez d'un film de sucre glace afin d'éviter la formation d'une peau lors du refroidissement ou bien tamponnez le dessus avec un peu de beurre. Une fois refroidie, conservez-la au réfrigérateur jusqu'à l'emploi au maximum de 3 jours.

NOTE J'ajoute quelquefois 10 % de beurre pommade fouetté pour lui donner une texture de velours ou bien 20 % ou plus de crème Chantilly pour l'alléger.

Crème Chiboust

Pour : 1,2 kg environ **Préparation :** 25 minutes

Pour la crème Chiboust
6 jaunes d'œufs
80 g de sucre semoule
30 g de poudre à flan
35 cl de lait
1 gousse de vanille fendue en son milieu
sucre glace ou beurre

Pour la meringue italienne
6 blancs d'œufs
360 g de sucre semoule

Cette crème onctueuse et moelleuse est parfaite servie avec des gaufres ou même pour fourrer des crêpes. Elle sert aussi à couvrir des tartes aux fruits qu'elle rend encore plus délectables.

Procédez selon la méthode ci-contre mais en utilisant les ingrédients et quantités ci-dessus. Aussitôt cuite, réservez la crème dans un endroit tiède et saupoudrez de sucre glace ou tamponnez d'un peu de beurre le dessus de la crème afin d'éviter la formation d'une pellicule.

Pour la crème Chiboust, retirez la gousse de vanille de la crème pâtissière. Au fouet incorporez un tiers de la meringue italienne, puis le reste délicatement à la spatule jusqu'à ce que le mélange soit bien homogène. Utilisez l'appareil à Chiboust aussitôt le mélange crème pâtissière/meringue italienne effectué.

NOTE On peut ajouter si on le désire deux feuilles de gélatine, au préalable trempées à l'eau froide quelques minutes et bien égouttées, à la crème pâtissière aussitôt qu'elle est cuite et avant de la mélanger à la meringue. Ceci lui donnera une consistance plus ferme et une meilleure tenue dans le cas où on ne peut la servir que plusieurs heures après l'avoir préparée.

Enrubannées de mousse aux mûres

Pour : 6 à 8 personnes **Préparation :** 25 minutes

350 g de mûres
130 g de sucre semoule
le jus d'1 citron
100 cl de crème double fouettée au ruban
250 g de crème pâtissière refroidie
(recette page 220)
2 blancs d'œufs
400 g de mûres (facultatif)

Dans une casserole, mettez les mûres et 100 g de sucre et faites cuire à feu très doux, tout en remuant à la spatule de temps en temps. Dès l'ébullition atteinte, continuez de cuire toujours à feu doux pendant 10 minutes. Passez ensuite au mixer pendant 1 minute, puis au chinois étamine. Réservez à température ambiante, en remuant à la spatule de temps à autre afin d'éviter la formation d'une pellicule. Une fois ce coulis refroidi, ajoutez le jus de citron.

Fouettez les blancs d'œufs mi-fermes avec 30 g de sucre, puis incorporez-les au mélange crème pâtissière/crème double sans trop travailler. Ajoutez le coulis de mûres refroidi tout en mélangeant très légèrement de façon à obtenir un effet de « ruban ». Répartissez entre six coupes en verre ou assiettes creuses à dessert et réfrigérez pendant 2 ou 3 heures.

Servez tel quel avec à part un compotier de mûres au naturel, si désiré.

Les mûres auront besoin de plus ou moins de sucre pendant leur cuisson selon leur degré de mûrissement. Elles peuvent être remplacées par des fraises qui seront tout aussi délicieuses. Ceci dépendra de la saison et de vos goûts personnels.

Petits pots de crème au caramel au parfum de café

Pour : 8 personnes **Préparation :** 30 minutes **Cuisson :** 45 minutes environ

180 g de sucre semoule
25 cl de lait
10 cl de crème double
15 g de café soluble
3 œufs entiers
2 jaunes d'œufs
40 g de cassonade pour la finition (facultatif)
6 petits pots en porcelaine à feu de 5 cm de diamètre par 6 cm de hauteur approximativement

Dans une petite casserole, mettez 100 g de sucre à chauffer à feu doux tout en remuant continuellement à la spatule, jusqu'à ce qu'il soit liquide et atteigne une couleur caramel clair. Répartissez aussitôt le caramel entre les six petits pots. Inclinez ces derniers pour étaler le caramel bouillant sur le fond et les parois intérieures des pots. Afin d'éviter de se brûler pendant cette opération, on utilisera un torchon ou des gants de protection pour manipuler les pots. Réservez à température ambiante jusqu'à refroidissement. Préchauffez le four à 120 °C.

Dans une casserole, mettez le lait, la crème, le café et deux-tiers du sucre restant et chauffez à feu doux jusqu'à ébullition. Dans une terrine, travaillez au fouet pendant une minute les œufs, les jaunes et le reste du sucre. Versez tout en remuant au fouet le lait bouillant sur le mélange œufs et sucre. Répartissez l'appareil dans les petits pots caramélisés, puis placez ces derniers dans un plat mi-creux allant au four qu'on aura habillé d'une feuille de papier sulfurisé. Versez de l'eau chaude mais pas bouillante entre les pots jusqu'à mi-hauteur et enfournez pendant 45 minutes à 120 °C. Vérifiez la cuisson avec la pointe fine d'une lame de couteau que l'on piquera au centre d'un pot.

Une fois cuits, réservez les petits pots sur une grille à température ambiante jusqu'à refroidissement. On les mettra ensuite au réfrigérateur pendant quelques heures avant de les consommer.

Je préfère servir ces crèmes dans leurs pots. Je les saupoudre d'un peu de sucre brun « cassonade » et je caramélise en utilisant une petite torche avec laquelle je fais fondre la cassonade en quelques secondes (voir photo ci-contre).

Crème brûlée à la pistache

Pour : 6 à 8 personnes **Préparation :** 10 minutes **Cuisson :** 30 minutes

50 cl de lait
50 cl de crème fleurette
60 g de pâte à pistache
150 g de sucre semoule
200 g de jaunes d'œufs (environ 10)
70 g de sucre brun Demerara

Si vous ne trouvez pas de pâte à pistache dans le commerce, vous pouvez la préparer vous-même en pilant au mortier des pistaches fraîchement émondées jusqu'à l'obtention d'une pâte bien lisse.

Préchauffez le four à 120 °C/100 °C pour un four à chaleur tournante/Gaz th. 1.

Dans une casserole, faites chauffer le lait, la crème, la pâte à pistache et 90 g de sucre semoule, tout en remuant régulièrement au fouet jusqu'à l'obtention d'un mélange homogène, puis portez à ébullition lentement.

Pendant ce temps, dans une terrine, travaillez au fouet et sans excès les jaunes d'œufs avec le reste du sucre semoule.

Dès que le mélange à base de lait bout, versez-le peu à peu sur les jaunes d'œufs, sans cesser de fouetter.

Répartissez la crème dans des plats à gratin de 15 cm de diamètre et placez-les sur une plaque de cuisson. Enfournez pendant 30 minutes, ou jusqu'à ce que les crèmes soient prises. Transférez les plats à gratin sur une grille à pâtisserie et laissez refroidir à température ambiante, puis placez au réfrigérateur jusqu'au moment de servir.

Juste avant de servir, saupoudrez les crèmes brûlées avec le sucre brun et caramélisez à l'aide d'un chalumeau ou sous une salamandre très chaude, jusqu'à l'obtention d'une croûte fine de teinte noisette pâle. Servez immédiatement.

Mousse au chocolat riche à l'orange

Pour : 4 personnes **Préparation :** 25 minutes

150 g de couverture noire ayant 55 à 70 % de cacao
2 cuil. à soupe d'eau tiède
1 cuil. à soupe de glucose
2 jaunes d'œufs
15 cl de crème double fouettée au ruban avec 30 g de sucre glace

1 orange lavée à l'eau froide sur laquelle on prélèvera les zestes
100 g de sucre semoule
10 cl d'eau

6 verres transparents de 6 cm de diamètre par 7 cm de hauteur approximativement pour servir.

Afin que cette mousse soit plus onctueuse, on évitera de la réfrigérer pendant plus d'une heure, ou bien on la sortira du réfrigérateur au moins 30 minutes avant de la servir. Elle est délicieuse accompagnée de segments d'oranges ainsi que de tranches de brioche toastées.

Coupez les zestes d'orange au couteau en julienne de 2 mm de large. Mettez-les dans une casserole, couvrez-les d'eau froide et amenez à ébullition à feu moyen. Rafraîchissez et égouttez. Renouvelez la même opération deux fois consécutives. Finalement, mettez les zestes trois fois blanchis dans une petite casserole avec 10 cl d'eau et 100 g de sucre, amenez-les à ébullition pendant une minute puis réservez dans le sirop à température ambiante. Une fois refroidis dans le sirop, égouttez-les et réservez dans un bol.

À l'aide d'un couteau à talon, coupez la couverture en morceaux, mettez-la dans une terrine et faites-la fondre à feu moyen au bain-marie. Dès que la couverture est fondue, remuez-la légèrement à la spatule, puis, hors du bain-marie, incorporez le mélange eau/glucose/jaunes d'œufs. Finalement incorporez délicatement et sans trop travailler la crème fouettée.

Versez un tiers de la mousse au chocolat dans quatre verres ou bols transparents de préférence, puis arrangez dessus un tiers des zestes d'orange mi-confits bien égouttés. Mettez un autre tiers de mousse, puis un tiers des zestes et finalement remplissez du reste de mousse et parsemez le dessus du reste des zestes.

Recette illustrée à la page précédente

Mousse au caramel

Pour : 800 g environ **Préparation :** 50 minutes

Pour la crème caramel

40 cl de crème légère fleurette
15 cl de glucose liquide
200 g de sucre semoule
50 g de beurre coupé en petits morceaux

pour la pâte à bombe

8 cl d'eau
60 g de sucre semoule
30 g de glucose liquide
6 jaunes d'œufs
3 feuilles de gélatine trempées dans l'eau froide
22 cl de crème légère fleurette fouettée à consistance d'un ruban

Mettez à chauffer à feu doux la crème et le glucose jusqu'à ébullition. Faites fondre à feu doux dans une petite casserole le sucre en remuant sans cesse à la spatule jusqu'à l'obtention d'une couleur noisette clair. Hors du feu, versez le mélange bouillant crème/glucose sur le caramel et remettez à chauffer à feu doux jusqu'à ébullition. Maintenez un petit bouillon pendant deux minutes puis arrêtez la source de chaleur et incorporez le beurre au fouet. Passez au chinois dans une terrine et laissez refroidir jusqu'à une température de 24 °C approximativement.

Mettez dans une casserole l'eau, le sucre et le glucose et amenez à ébullition à feu doux. Donnez un bouillon de 2 à 3 minutes. Mettez les jaunes d'œufs dans une terrine, versez en fouettant le sucre bouillant en petit filet. Placez le fond de la terrine dans un bain-marie d'eau bouillante et, sans cesser de fouetter, laissez pocher l'appareil jusqu'à une température de 70 °C environ. Retirez la terrine du bain-marie et continuez de fouetter jusqu'à ce que la température soit ramenée à 24 °C environ. Faites fondre les feuilles de gélatine dans deux cuillères à soupe d'eau tiède et incorporez-les à l'appareil.

Lorsque la crème caramel et l'appareil à bombe sont à peu près à la même température, mélangez-les délicatement au fouet, puis incorporez la crème fouettée. La mousse est maintenant prête à l'emploi.

Une fois légèrement refroidie, on peut la servir dans des coupes ou des verres à cocktail.

Soufflé froid ou glace au citron

Pour : 8 à 10 personnes **Préparation :** 40 minutes

1 cuil. à soupe d'huile d'arachide
6 œufs dont on séparera les blancs et les jaunes
130 g de sucre semoule
les zestes et le jus de 4 citrons
2 feuilles de gélatine trempées à l'eau froide
50 cl de crème double fouettée au ruban

Pour la présentation
2 citrons
200 g de sucre semoule
20 g d'amandes effilées légèrement grillées sous la salamandre
20 cl d'eau

Préparez un moule à soufflé de 13 cm de diamètre par 8 cm de hauteur environ, habillé d'une feuille de papier sulfurisé pliée en trois dans le sens de la longueur, assez longue pour faire le tour du moule et assez large, une fois pliée, pour dépasser du bord du moule de 6 à 8 cm. Maintenez le papier avec du scotch ainsi que de la ficelle en deux ou trois endroits, et au pinceau huilez d'un soupçon d'huile d'arachide l'intérieur du papier. Réservez-le au réfrigérateur.

Dans une terrine, travaillez au fouet les 6 jaunes d'œufs, les zestes de citrons et 80 g de sucre semoule, jusqu'à l'obtention d'un léger ruban. Faites tiédir le jus de citron, mettez-y à fondre les feuilles de gélatine bien égouttées, puis ajoutez au mélange œufs/zestes de citron et sucre en fouettant pendant une minute. Incorporez alors à la spatule la crème fouettée jusqu'à l'obtention d'un mélange bien homogène.

Montez les blancs d'œufs bien fermes avec 50 g de sucre semoule, puis mélangez-les délicatement à l'appareil ci-dessus et remplissez aussitôt le moule à soufflé jusqu'à au moins 4 à 5 cm au-dessus du rebord du moule. Réservez au réfrigérateur pendant au moins 6 à 8 heures ou au congélateur pendant 3 à 4 heures.

Rincez les citrons à l'eau froide, coupez-les très fins en demi-rondelles. Mettez-les dans une casserole avec 20 cl d'eau et 200 g de sucre, portez à ébullition et, à feu doux, donnez un bouillon pendant deux minutes, puis réservez dans le sirop jusqu'à complet refroidissement.

Retirez le papier sulfurisé. Disposez au centre du soufflé les amandes, puis autour les demi-tranches de citron. Servez aussitôt.

Lemon curd

Pour : 550 g, soit 8 personnes environ **Préparation :** 15 minutes

200 g de beurre coupé en morceaux
200 g de sucre semoule
3 citrons (zestes et jus)
4 jaunes d'œufs

J'aime aussi garnir des petits fonds de tartelettes en pâte sucrée de ce *lemon curd* et je les sers alors en guise de petits fours.

Dans une terrine, mettez le beurre, le sucre, le jus et les zestes des citrons. Placez cette terrine sur une casserole contenant un fond d'eau frémissante, afin que seule la vapeur de l'eau chauffe le fond de la terrine. Après quelques minutes, le beurre commence à fondre. Travaillez alors au fouet jusqu'à complète homogénéité.

Ajoutez les jaunes d'œufs, puis travaillez vivement pendant une dizaine de minutes jusqu'à ce que l'appareil commence à épaissir. Versez le *lemon curd* dans un bocal ou dans des petits ramequins. Réservez à température ambiante jusqu'à refroidissement, puis recouvrez d'un papier film et mettez au réfrigérateur jusqu'à l'utilisation.

L'idéal est de servir le *lemon curd* dans le bocal ou les petits pots qui ont servi à le conserver. Des tranches de brioche toastées ou des scones accompagnent merveilleusement cette crème divinement riche qui s'étale comme du beurre.

On peut substituer aux trois citrons deux oranges. Dans ce cas-là, le jus des oranges devra être réduit au préalable d'un tiers à feu doux. On obtient alors un *orange curd* que j'adore étaler sur des crêpes (voir recette page 168)

Glaces

À base de lait, d'œufs, de sucre et d'un peu de crème fraîche, ces glaces sont simples à préparer, demandent peu de temps et sont bien meilleures que les glaces industrielles. Une machine à glace ménagère est un investissement judicieux, particulièrement si on a des enfants. Ils pourront ainsi se régaler de glaces plusieurs fois par semaine. La glace maison est un produit sain, composée d'ingrédients frais, sans conservateur ou colorant, contrairement à celles vendues dans le commerce. Pour une texture moelleuse et une saveur optimale, il est conseillé de mettre votre glace à turbiner lorsque vous arrivez en milieu de repas. Elle sera juste prête pour le dessert, soit après 20 à 25 minutes de turbinage. Les glaces peuvent être servies natures ou accompagnées de petits fours, biscuits ou meringues, comme dans le cas de ma glace aux marrons (recette page 249). Des coulis de fruits rouges seront délicieux versés sur la glace vanille ou une sauce au chocolat sur la glace à la banane. Finalement, essayez ma glace au camembert (recette page 253). Servez-la avec des biscuits digestifs, c'est un délice !

Glace à la vanille

Pour : 8 personnes
Préparation : 15 minutes
Turbinage : 20 à 25 minutes

La crème double apporte à la glace vanille une richesse et un moelleux complémentaire qui n'est toutefois pas indispensable, cela dépend des goûts de chacun.

Une dose de crème anglaise à la vanille (recette page 216)
10 cl de crème double (facultatif)
Une machine à glace

Une fois la crème anglaise à la vanille pochée, transvasez-la dans un bol en inox ou une terrine. Placez le fond du bol en inox sur des glaçons afin d'accélérer le refroidissement et vannez à la spatule de temps en temps afin d'éviter la formation d'une peau à la surface.

Une fois refroidie, éliminez la gousse de vanille puis versez la crème anglaise dans la machine à glace et commencez à turbiner. Après une dizaine de minutes, la glace doit commencer à être mi-prise. Si vous voulez, versez alors en filet la crème fraîche sur la glace sans arrêter de turbiner.

Je préfère servir mes glaces peu de temps après les avoir turbinées. Elles seront meilleures en texture. Au Waterside Inn, nous turbinons nos glaces et nos sorbets tous les midis et tous les soirs… les petits détails font toute la différence entre le bon et l'excellent !

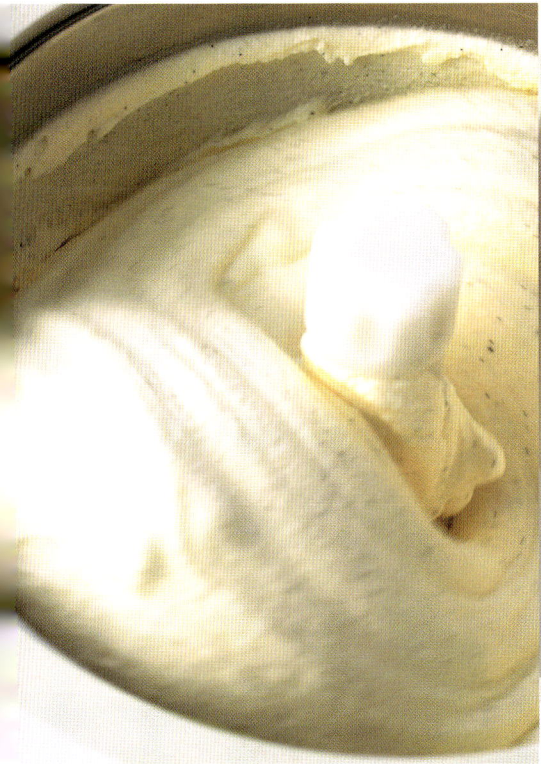

Turbinez pendant 10 à 15 minutes de plus jusqu'à ce que la glace soit prise, ferme mais moelleuse.

Réservez alors dans un récipient hermétique au préalable réfrigéré, et conservez au congélateur jusqu'au moment de la servir.

Glace à la cannelle

Pour : 8 personnes **Préparation** : 15 minutes **Cuisson** : 20 à 25 minutes

1 dose de crème anglaise, mais sans la vanille (recette page 216)
20 g de bâton de cannelle un peu écrasé
10 cl de crème double (facultatif)

Pour la présentation (facultatif)
8 pommes Cox ou Bramley
8 noisettes de beurre
un peu de sucre semoule

1 machine à glace

Ce dessert entraînera le silence à table pendant quelques minutes et réjouira les convives, petits et grands. J'adore servir cette glace avec des pommes cuites au four.

Procédez selon la méthode de la glace à la vanille (voir méthode page 238). Il suffira de substituer la cannelle à la gousse de vanille et de laisser la cannelle dans la crème anglaise jusqu'au moment du turbinage, tout comme pour la gousse de vanille.

Si vous servez ce dessert avec des pommes cuites. Évidez le trognon de 8 pommes Cox ou Bramley à l'aide d'un évide-pomme, incisez un peu leur pourtour avec la pointe d'un couteau et mettez-les dans un plat mi-creux allant au four. Saupoudrez-les d'un peu de sucre semoule, placez une noisette de beurre sur chacune, versez un peu d'eau dans le fond du plat et faites-les cuire au four à 180 °C pendant 40 minutes. Une fois cuites, laissez-les refroidir un peu pendant 15 minutes environ. Elles seront parfaites encore tièdes.

Présentez en assiette individuelle, avec une grosse boule de glace à la cannelle nichée sur chaque pomme et servez aussitôt.

Glace au chocolat

Pour : 6 personnes **Préparation :** 10 minutes **Turbinage :** 20 à 25 minutes

15 cl de lait
15 cl de crème double
80 g de sucre semoule
3 jaunes d'œufs
100 g de couverture noire (55 % à 70 % de cacao) coupée en morceaux au couteau à talon

1 machine à glace

Mettez le lait et la crème à chauffer dans une casserole avec deux-tiers du sucre puis procédez comme pour la crème anglaise (recette page 216).

Dès que la crème anglaise est pochée, ajoutez les morceaux de couverture noire et remuez au fouet jusqu'à ce qu'ils soient fondus. Une fois la crème anglaise refroidie, turbinez-la pendant 20 à 25 minutes jusqu'à ce que la glace soit prise ferme mais moelleuse.

Servez la glace au chocolat sur une base ou une coque de meringue française au café (recette page 260). Deux grosses boules par personne ne seront pas de trop.

Voilà une glace qui réchauffe le cœur et enchante les papilles gustatives. Recommandée à tous : les malades, les bien portants, elle redonnera même le sourire à ceux qui font la grimace !

Glace au thé

Pour : 8 personnes **Préparation :** 15 minutes **Turbinage :** 20 à 25 minutes

Une dose de crème anglaise mais sans la vanille (recette page 216)
50 g de thé en vrac, Earl Grey ou Jasmin de préférence
10 cl de crème double (facultatif)
Matériel
1 machine à glace

J'aime servir cette glace avec un beau macaron à la framboise (recette page 266).

Procédez selon la méthode de la glace à la vanille (voir méthode page 238). Il suffira de substituer le thé à la gousse de vanille. On le mettra dans le lait juste avant qu'il ne bout, puis on le laissera dans la crème anglaise jusqu'au moment du turbinage. Il suffira de la passer au chinois ou à la mousseline dans la turbine.

Servez la glace au thé dans des coupes individuelles avec un petit four en accompagnement.

NOTE J'aime tout autant les deux parfums de thé Earl Grey et Jasmin. Je vous laisse donc découvrir votre préférence.

Glace au gingembre

Pour : 8 personnes **Préparation :** 10 minutes **Turbinage :** 20 à 25 minutes

1 dose de crème anglaise, sans la vanille (recette page 216)
75 g de gingembre confit haché
30 g de noix de coco râpée déshydratée

1 machine à glace

Un dessert qui étonnera et enchantera même ceux qui n'aiment pas le gingembre.

Ajoutez le gingembre à la crème anglaise encore chaude, et mettez au mixer pendant une minute puis passez au chinois dans une terrine. Placez le fond de la terrine sur des glaçons afin d'accélérer le refroidissement et vannez à la spatule de temps en temps afin d'éviter la formation d'une peau à la surface.

Mélangez la noix de coco râpée puis versez l'appareil dans la machine à glace. Turbinez pendant 20 à 25 minutes jusqu'à ce que la glace soit prise ferme mais moelleuse.

On peut servir cette glace dans une soucoupe, avec des tranches d'ananas, coupées aussi fines que du carpaccio. Elle sera divine.

Recette illustrée à la page précédente

Glace aux marrons

Pour : 8 personnes **Préparation :** 15 minutes **Turbinage :** 20 à 25 minutes

50 cl de lait
150 g de crème de marrons
100 g de sucre semoule
6 jaunes d'œufs
3 cl de rhum (facultatif)
10 cl de crème double
100 g de marrons glacés ou au sirop (facultatif)

1 machine à glace

Une de mes glaces préférées. Je l'accompagne quelquefois d'un peu de chocolat noir fondu tiédi auquel je mélange un soupçon de lait.

Faites bouillir le lait avec la crème de marrons et deux tiers du sucre. Travaillez au fouet les jaunes avec le reste du sucre, et procédez selon la méthode de préparation de la crème anglaise (page 216) puis de la glace à la vanille (page 238). Ajoutez le rhum, si utilisé, au début du turbinage.

Servez de belles boules de glace dressées les unes sur les autres en dôme, dans des soucoupes puis disposez sur chaque boule des petits morceaux de marrons glacés, si utilisés, et servez tel quel.

Glace à la banane et aux raisins sultanes

Pour : 8 personnes **Préparation :** 20 minutes **Turbinage :** 20 à 25 minutes

30 g de beurre
50 g de sucre semoule
1 banane bien mûre de 180 g environ
le jus d'1 citron
1 dose de crème anglaise (recette page 216) en omettant la vanille et en diminuant le sucre de 100 g
60 g de raisins sultanes blanchis pendant une minute puis rafraîchis et égouttés

1 machine à glace

J'aime servir cette glace accompagnée de moitiés de bananes, que je poêle quelques minutes au beurre. Je les sers tièdes avec une confiture d'abricots en cordon tout autour et des boules de glace trônant au centre de l'assiette.

Dans une poêle, mettez à chauffer 30 g de beurre, ajoutez 50 g de sucre puis la banane coupée en morceaux. Laissez cuire pendant une à deux minutes à feu moyen pour donner à la banane une couleur noisette clair. Versez alors le jus de citron, puis mélangez à la crème anglaise qui doit être encore chaude.

Vannez avec une spatule puis mettez au mixer pendant une minute et ensuite passez au chinois dans une terrine. Placez le fond de la terrine sur des glaçons afin d'accélérer le refroidissement et vannez à la spatule de temps en temps afin d'éviter la formation d'une peau à la surface.

Versez l'appareil « glace à la banane » dans la machine à glace, et turbinez pendant 20 à 25 minutes jusqu'à ce que la glace soit prise ferme mais moelleuse. Ajoutez les raisins une ou deux minutes avant de retirer la glace de la machine.

Essayer cette glace, c'est l'adopter ! Je ne manque pas de la servir à mes amis, particulièrement en hiver. Ils l'adorent même après un repas copieux. Il y a toujours une place pour cette petite merveille de douceur.

Glace au camembert

Pour : 8 personnes **Préparation :** 15 minutes **Turbinage :** 20 à 25 minutes

50 cl de lait
6 jaunes d'œufs
25 g de sucre semoule
1 pincée de sel
1 camembert bien fait (à cœur)
1 pointe à couteau de cayenne
8 gouttes de Tabasco

1 machine à glace

Pour ceux qui vont penser que je tiens juste à sortir du « classique », j'ai créé cette recette dans le début des années soixante, pour la servir à Mlle Cécile de Rothschild. Je la sers dans des bols, accompagnée de petits radis, de quelques feuilles tendres de céleri et de quelques biscuits à fromage.

Dans une casserole, mettez le lait à chauffer jusqu'à ébullition. Pendant ce temps, dans une terrine, travaillez au fouet les jaunes d'œufs, le sucre et la pincée de sel jusqu'à l'obtention d'un léger ruban. Versez le lait bouillant sur les jaunes d'œufs tout en remuant au fouet, puis transvasez dans la casserole.

À feu doux, finissez de pocher tout en remuant à la spatule jusqu'à ce que la crème nappe légèrement la spatule. Au passage du bout du doigt, la trace de ce dernier doit rester bien nette. Retirez aussitôt de la source de chaleur et versez la crème anglaise dans une terrine.

Au couteau, enlevez le minimum de la croûte du camembert puis coupez-le en fines lamelles au-dessus de la crème anglaise. Mélangez au fouet jusqu'à ce que les lamelles de camembert se dissolvent. Ajoutez le cayenne et le tabasco.

Placez le fond de la terrine sur des glaçons afin d'accélérer le refroidissement et vannez à la spatule de temps en temps afin d'éviter la formation d'une peau à la surface. Versez l'appareil dans la machine à glace et turbinez pendant 20 à 25 minutes jusqu'à ce que la glace soit prise ferme mais moelleuse.

Meringues et Génoises

L'une et l'autre sont légères et délicieuses. La meringue est croquante, la génoise est moelleuse. Elles sont à la base de nombreux desserts et se marient parfaitement avec les glaces, les coulis, les crèmes et les mousses. La meringue française ne demande que quelques blancs d'œufs et un peu de sucre. Elle ne nécessite que peu de temps de préparation et elle est simple à exécuter. Mes petits-enfants la réussissent aussi bien que moi et en sont fiers. Le mot d'ordre est donc simple : utilisons nos blancs d'œufs, faisons des meringues ! Tout comme les meringues, les blancs d'œufs se conservent bien au congélateur où ils auront acquis plus de viscosité, propice à la réussite des meringues. Laissez-vous tenter avec un de mes desserts préférés au monde : la pavlova aux fruits rouges (recette page 263). Essayez-le, c'est un rêve ! Vite préparée, la génoise sert de base à des entremets tels que La Truffe (recette page 275) ou ma roulade aux framboises (recette page 272). Elle se conserve, enveloppée dans du papier film, pendant deux ou trois jours au réfrigérateur ou pendant plusieurs semaines au congélateur.

Meringue italienne

Pour : 600 g environ
Préparation : 20 minutes

360 g de sucre semoule
30 g de glucose liquide (facultatif)
6 blancs d'œufs
8 cl d'eau

1 thermomètre de cuisson à sucre
1 batteur électrique ou 1 fouet

Mettez l'eau dans une casserole en inox à fond épais puis ajoutez le sucre et le glucose (facultatif). Sur une source de chaleur modérée, amenez à ébullition en remuant de temps en temps. Écumez et nettoyez les bords intérieurs de la casserole avec un pinceau humidifié d'eau. Augmentez la source de chaleur et retirez du feu quand le themomètre indique 110 °C.

Montez les blancs d'œufs au batteur ou au fouet électrique ou à la main, tout en surveillant la cuisson du sucre. Arrêtez la cuisson à 121 °C précisément. Laissez le sucre « débuller » pendant 30 secondes hors du feu. Versez le sucre doucement et régulièrement en filet sur les blancs d'œufs montés bien fermes à vitesse ralentie au batteur ou à la main au fouet.

L'emploi du glucose évite une possibilité de cristallisation qui se forme parfois dans les blancs d'œufs lorsqu'on y incorpore le sucre, ce qui a tendance à provoquer quelques petits grains dans la meringue.

Une fois la totalité du sucre versé et absorbé par les blancs, continuez de fouetter au ralenti pendant 15 minutes environ jusqu'à refroidissement partiel de la masse, d'une température de 30 à 35 °C. La meringue est alors prête à être employée.

On peut la conserver pendant 24 ou 48 heures dans un récipient hermétique au réfrigérateur.

Variations d'utilisation pour la meringue italienne

Tarte au citron meringuée Elle est parfaite pour recouvrir ma tarte citron (recette page 205). J'effectue le travail de couchage à la poche montée d'une douille cannelée.

Omelette norvégienne Il suffira de mouler par couches deux ou trois parfums de glace, telles que la glace au chocolat (recette page 242) ou la glace à la vanille (recette page 238), dans un saladier ou un moule à soufflé dans lequel on aura déposé un film alimentaire afin de faciliter le démoulage, puis de les mettre à durcir pendant 3 ou 4 heures au congélateur.
Préparez par ailleurs un fond de génoise (recette page 268) dont la taille sera de 4 à 5 cm plus large que la taille du moule contenant les glaces. Au couteau-scie, éliminez un à deux centimètres du dessus de la génoise qui servira de base à l'omelette norvégienne. Préchauffez la salamandre/gril. Démoulez la glace en trempant le fond du moule pendant une vingtaine de secondes dans l'eau chaude, puis retournez-le sur le fond de génoise. Retirez le film alimentaire. À la poche montée d'une grosse douille cannelée, recouvrez la surface de la glace de meringue italienne en effectuant un beau décor (voir la recette la tarte au citron page 205). Placez-la pendant quelques secondes sous la salamandre/gril, le temps qu'elle prenne une jolie couleur de glaçage léger. On peut également glacer la meringue à l'aide d'une petite torche à pâtisserie.

Crème au beurre Lorsque la meringue italienne est refroidie de 30 à 35 °C, c'est-à-dire lorsqu'elle est terminée, incorporez dans la masse de meringue de 600 g environ, la même quantité de beurre en petits morceaux tout en fouettant sans arrêt. Il est essentiel que le beurre soit sorti du réfrigérateur 3 ou 4 heures auparavant. Cette crème au beurre peut servir à fourrer les génoises qui seront délicieuses lors d'un goûter ou à l'occasion d'un anniversaire ou d'une fête. On pourra parfumer, si on le désire et selon les goûts, la crème au beurre d'un peu de pâte à pistache, de poudre de cacao non sucré, de vanille ou d'essence de café. Cette crème au beurre à base de blancs d'œufs n'est pas excessivement riche et je m'en sers également pour fourrer des petits choux (recette page 268).

Meringue française

Pour : 350 g environ (60 petites meringues) **Préparation** : 15 minutes **Cuisson** : 1 h 15 minutes

4 blancs d'œufs
125 g de sucre semoule
125 g de sucre glacé tamisé
quelques gouttes d'essence de café, de framboises ou de citron (facultatif)
1 ou 2 cuil. à café de cacao en poudre non sucré (facultatif)

Dans une terrine, montez au fouet les blancs d'œufs en neige jusqu'à ce qu'ils soient mi-fermes. À ce stade, incorporez en pluie petit à petit le sucre semoule sans cesser de fouetter. Continuez de fouetter pendant une dizaine de minutes jusqu'à ce que les blancs d'œufs soient lisses et brillants et forment des pointes sur les fils du fouet lorsqu'on le dégage de la masse de blancs d'œufs. Incorporez alors à la spatule ou maryse, le sucre glace en pluie et mélangez intimement pendant une minute.

À ce stade, la meringue est prête à utiliser. Il suffira, si on le désire, de la diviser dans deux ou trois petites terrines et de la parfumer avec le cacao en poudre, quelques gouttes d'essence de café liquide ou de framboises, selon vos goûts, ou bien de la garder telle quelle, au naturel.

Préchauffez le four à 110 °C. La meringue française doit être détaillée sur du papier silicone en forme de grosses quenelles à l'aide d'une cuillère à soupe, ou à la poche montée d'une douille cannelée ou unie, selon vos goûts et désirs. Glissez délicatement la feuille de papier sulfurisé sur une plaque de cuisson et enfournez aussitôt dans un four à 110 °C pendant une durée de 1 h 15 minutes pour des petites meringues (voir photo ci-contre). Il suffira d'augmenter la durée de cuisson de 5 à 10 minutes si vos meringues sont plus grosses. Lorsque ces dernières sont cuites, arrêtez le four et laissez-les refroidir pendant quelques heures.

NOTE J'aime arranger mes meringues en ligne sur un plateau, comme des petits soldats, et les offrir à mes invités avec le café en guise de petits fours ou avec de la glace.

Les meilleures pavlovas que j'aie dégustées dans ma vie sont celles de Bette, la mère de mon épouse australienne Robyn, ainsi que celles de Robyn qui sont bien meilleures que les miennes. Les fruits doivent être savoureux et gorgés de sucre, ils contribueront au succès d'un dessert qui figure sans aucun doute parmi les meilleurs du monde.

Pavlova aux fruits rouges

Pour : 8 personnes **Préparation :** 30 minutes **Cuisson :** 1 h 15 minutes

1 dose de meringue française (recette page 260)
1 mangue
100 g de fraises ou de fraises des bois
100 g de framboises
100 g de groseilles
100 g de mûres
100 g de myrtilles
400 g de crème fraîche double très légèrement fouettée à peine au ruban
1 cuil. à soupe d'eau de rose (facultatif)
4 fruits de la passion

Préchauffez le four à 150 °C. Sur une feuille de papier silicone placée sur une plaque de cuisson, étalez à la cuillère la meringue en forme de rond d'environ 22 cm de diamètre par 5 cm de hauteur, de façon rustique.

Enfournez le fond de meringue dans un four à 150 °C. Faites-le cuire pendant 30 minutes puis réduisez la température du four à 120 °C et laissez cuire pendant 45 minutes de plus. Arrêtez le four et laissez le fond de pavlova refroidir à l'intérieur de ce dernier pendant au moins 6 à 8 heures (une nuit entière de préférence). À ce stade, la meringue devra être mi-cuite à cœur, légèrement moelleuse, croquante partout à l'extérieur et un peu craquelée sur les bords.

Épluchez au couteau la mangue, taillez de fines tranches sur celle-ci et réservez dans un bol. Préparez les autres fruits rouges, rincez-les à l'eau froide si nécessaire, équeutez-les et réservez-les sur un papier absorbant.

Décollez délicatement le fond de la pavlova du papier silicone et placez-le sur un plat de service rond. Versez dessus la crème fraîche parfumée à l'eau de rose si vous l'utilisez. Disposez tous les fruits généreusement éparpillés et finalement évidez les fruits de la passion sur le dessus à l'aide d'une cuillère à café. Servez aussitôt.

Salzburger Nockerl

Pour : 4 personnes **Préparation** : 25 minutes **Cuisson** : 3 à 4 minutes

20 g de beurre
6 jaunes d'œufs
75 g de sucre glace
2 gousses de vanille fendues en leur milieu, sur lesquelles on prélèvera au petit couteau l'intérieur
4 blancs d'œufs
100 g de sucre semoule

Pour la présentation
400 g de fraises des bois
10 g de sucre glace

1 plat en argent ou en porcelaine allant au four, beurré avec 20 g de beurre

Ce dessert appartient à la famille des meringues et des soufflés. Il est léger comme de la plume, moelleux et plein de parfum de vanille. Il se marie parfaitement bien à la fraise des bois.

Préchauffez le four à 180 °C. Dans une petite terrine, travaillez au fouet les jaunes avec le sucre glace et l'intérieur des deux gousses de vanille, jusqu'à l'obtention d'une consistance ruban. Fouettez aussitôt les blancs d'œufs, ajoutez une fois mi-montés le sucre semoule, puis continuez de fouetter jusqu'à ce qu'ils soient bien fermes et lisses.

À l'écumoire ou maryse, mélangez délicatement la moitié des blancs aux jaunes, puis le reste sans excès. Déposez alors l'appareil sur le plat en argent ou en porcelaine, en formant des dômes, deux ou trois sortes de petits monticules, puis lissez-les un peu à la palette. Enfournez aussitôt dans un four à 180 °C pendant 3 à 4 minutes, le temps de mi-cuire l'appareil et d'obtenir une légère coloration.

Dès la sortie du four, saupoudrez le Salburger Nockerl d'un voile de sucre glace et arrangez les fraises des bois en bordure. Servez immédiatement.

Ce dessert est très léger après un déjeuner ou un dîner. Je sers parfois en accompagnement une glace à la vanille fraîchement turbinée. J'utilise aussi cet appareil de meringue pour recouvrir une compote de pomme vanillée servie tiède, c'est à essayer.

Œufs à la neige

Pour : 4 personnes **Préparation :** 30 minutes **Cuisson :** 4 minutes environ pour les blancs d'œufs

25 cl de crème anglaise généreusement vanillée (recette page 216)
1 litre de lait
190 g de sucre semoule
6 blancs d'œufs
1 cuil. à soupe d'huile d'arachide
50 g d'amandes effilées légèrement grillées sous la salamandre

Pour le caramel
200 g de sucre semoule

Dans une casserole assez large et peu haute, mettez à chauffer le lait avec 50 g de sucre. Dès l'ébullition, réduire la source de chaleur de façon à ce que le lait soit à une température maximum de 70 à 80 °C.

Dans une terrine, fouettez les blancs d'œufs. Une fois mi-montés, ajoutez en pluie les 140 g de sucre puis continuez de fouetter jusqu'à ce qu'ils soient bien fermes.

Avec une grosse cuillère, prélevez des blancs montés, façonnez-les avec une palette afin d'obtenir la forme d'une grosse quenelle. Trempez la cuillère dans le lait chaud. Le blanc d'œuf se détachera de l'ustensile. Rincez à l'eau froide la cuillère et renouvelez immédiatement l'opération trois autres fois, afin d'obtenir quatre belles quenelles.

Au bout de deux minutes, retournez-les délicatement dans le lait afin qu'ils puissent pocher des deux côtés, et laissez pocher pendant deux minutes de plus. À l'écumoire, retirez-les du lait un par un et placez-les sur un torchon de cuisine pour qu'ils s'égouttent bien. Huilez légèrement un morceau de feuille de papier d'aluminium et transférez les quatre quenelles de blancs d'œufs pochées.

Mettez à fondre à feu doux dans une petite casserole les 200 g de sucre, tout en remuant doucement et continuellement à la spatule. Dès l'obtention d'une couleur caramel « noisette clair », nappez généreusement les quatre quenelles de blancs d'œufs, et parsemez aussitôt d'amandes.

Dans un plat mi-creux en porcelaine, versez la crème anglaise bien froide, déposez sur la surface les quatre quenelles caramélisées et servez aussitôt.

Macarons à la framboise

Pour : 40 macarons approximativement **Préparation** : 30 minutes **Cuisson** : 7 minutes

3 blancs d'œufs
4 gouttes de colorant alimentaire rouge
40 g de sucre semoule
100 g de poudre d'amande
180 g de sucre glace tamisé
10 g de framboises en poudre

Pour le beurre de framboise
200 g de framboises fraîches
50 g de sucre semoule
80 g de beurre pommade

Mettez les framboises fraîches dans une petite casserole avec 50 g de sucre et faites cuire à feu doux pendant 20 minutes. Passez ensuite au mixer pendant une minute puis au chinois et réservez à température ambiante. Une fois refroidi, incorporez au fouet ce coulis au beurre et réservez à température ambiante.

Préchauffez le four à 160 °C. Dans une terrine, montez les blancs d'œufs en neige, ajoutez le colorant et le sucre semoule, et fouettez pendant une minute de plus afin qu'ils soient bien fermes. Incorporez en pluie doucement le mélange amandes/sucre glace/poudre de framboises.

Remplissez une poche montée d'une douille unie d'un centimètre de diamètre, avec l'appareil à macaron. Mettez une feuille de papier sulfurisé sur une plaque de cuisson. Couchez-y les macarons d'un diamètre de 3 ou 4 cm, en quinconce en prenant soin de les espacer de deux centimètres les uns des autres de façon qu'ils ne se touchent pas.

Doublez la plaque de cuisson d'une autre plaque et enfournez pendant 7 minutes. Une fois cuits, glissez la feuille de papier sulfurisé sur une grille à pâtisserie et laissez refroidir à température ambiante. Lorsqu'ils sont presque froids, décollez du bout des doigts les moitiés de macaron et à l'aide d'une palette, déposez du beurre de framboises au centre d'une des moitiés puis assemblez par paire.

Présentez sur une assiette en dôme et servez avec de la glace ou des sorbets, ou bien encore au moment du café.

Génoise nature

Préparation : 20 minutes
Cuisson : 30 minutes

20 g de beurre pommade
1 pincée de farine
4 œufs à température de la pièce
125 g de sucre semoule
125 g de farine
30 g de beurre fondu et tiède

Préchauffez le four à 190 °C. Beurrez un moule à cake de 20 cm de diamètre par 4 cm de hauteur au pinceau et farinez-le d'un voile de farine.

Mettez les œufs et le sucre dans une terrine, mélangez immédiatement au fouet, puis fouettez sans interruption jusqu'à l'obtention d'un ruban bien soutenu soit environ 12 minutes.

À l'aide d'une maryse, incorporez délicatement la farine en pluie sans trop travailler.

Ajoutez alors le beurre fondu, toujours en mélangeant délicatement et sans excès.

Remplissez le moule à cake de l'appareil à génoise et enfournez dans le four à 190 °C pendant 30 minutes. On peut vérifier la cuisson en pressant légèrement du bout des doigts le centre de la génoise qui devra résister légèrement au toucher et « chanter », c'est-à-dire émettre un léger « zzzz ». Démoulez en retournant alors le moule à cake au-dessus d'une grille à pâtisserie. Tournez la génoise d'un quart de tour après 10 minutes afin qu'elle ne colle pas à la grille. Laissez-la refroidir pendant 3 à 4 heures.

Si on a besoin de couper la génoise en son milieu dans le sens de l'épaisseur, on utilisera obligatoirement un couteau-scie.

La garniture de la génoise Elle est délicieuse fourrée et masquée d'une crème au beurre (voir recette page 258), ou nature en tranches fines. Je l'adore également trempée dans la crème anglaise à la vanille (recette page 216). Enfin, en roulade elle est aussi bonne qu'un appareil à biscuit et plus facile à exécuter (recette page 272).

Génoise au chocolat Il suffira de remplacer les 125 g de farine par un mélange de 75 g de farine et de 50 g de cacao en poudre non sucré. On procédera ensuite comme pour la recette de la génoise nature page 268.

Lamingtons Faites une génoise nature en suivant la recette page 268. Pour l'appareil à glacer, mélangez dans un bol 500 g sucre glace à 50 g cacao. Ajoutez tout en remuant à la spatule, 20 g de beurre fondu et 17 cl de lait. Placez le fond du bol dans un bain-marie rempli d'eau chaude. À feu moyen, chauffez le bain-marie jusqu'à ce que l'eau frémisse, toujours sans cesser de remuer. Laissez le fond du bol dans l'eau frémissante jusqu'à l'obtention d'un glaçage léger et homogène de l'appareil. Réservez à température ambiante jusqu'à refroidissement. Coupez la génoise au couteau-scie en 5 bandes de 2,5 cm de largeur, puis ces dernières en petits carrés de 2,5 cm de côté environ. Roulez 4 à 5 carrés de génoise dans l'appareil, puis roulez-les ensuite dans 350 g de noix de coco et rangez-les bien espacés sur une grille à pâtisserie. Renouvelez l'opération jusqu'à utilisation de tous les cubes de génoise. Arrangez les lamingtons sur un plat en porcelaine. On pourra les servir avec une tasse de café ou de thé, ou une glace vanille (recette page 238).

Génoise roulée aux framboises

Pour : 8 personnes **Préparation :** 40 minutes **Cuisson :** 6 à 8 minutes

1 dose d'appareil génoise nature (recette page 268)
20 g de beurre pommade
1 pincée de farine
250 g de gelée de framboises en bocal
30 cl de crème double fouettée à consistance de ruban
100 g de crème pâtissière (recette page 220)
500 g de framboises équeutées

Pour la présentation

30 g de sucre glace

Préchauffez le four à 180 °C. Beurrez et farinez légèrement une feuille de papier sulfurisé de 40 x 30 cm placée sur une plaque de cuisson. Réservez au réfrigérateur.

Suivez la méthode de préparation de la génoise nature page 268. À l'aide d'une palette, étalez l'appareil à génoise sur toute la surface de la feuille de papier sulfurisée, sur une épaisseur d'environ 1 cm. Enfournez dans le four à 180 °C et laissez cuire pendant 6 à 8 minutes. Une fois cuite, retournez la génoise recouverte d'un torchon sur une grille à pâtisserie et enlevez délicatement le papier. Réservez pendant 5 minutes dans un endroit frais.

Le fourrage de la roulade est à effectuer dès que la feuille de génoise a refroidi. Travaillez la gelée de framboises au fouet et étalez-la délicatement à la palette sur la surface de la génoise. Parez les quatre côtés de l'abaisse au couteau-scie afin d'obtenir des arêtes bien vives et d'éliminer les endroits légèrement desséchés sur les côtés.

Étalez de façon bien régulière le mélange crème/crème pâtissière sur toute la surface de la roulade jusqu'à un centimètre des bords. Parsemez uniformément avec les framboises sur toute la surface de la crème, puis roulez la feuille de génoise dans le sens de la longueur en forme de gros boudin en s'aidant du torchon. Réservez au réfrigérateur pendant 3 ou 4 heures avant de servir.

Saupoudrez la génoise d'un voile de sucre glace et présentez-la sur un plat long, avec la première tranche coupée.

Entremets La Truffe et kumquats confits

Pour : 8 personnes **Préparation :** 30 minutes

475 g de couverture noire ayant de préférence une teneur en cacao de 70 %
1 fond de génoise au chocolat de 20 cm de diamètre (recette page 268)
47,5 cl de crème double fouettée au ruban
10 g de cacao non sucré pour saupoudrer

Pour les kumquats confits
16 kumquats bien mûrs
600 g de sucre semoule
60 cl d'eau

Matériel
1 cercle à entremets de 22 cm de diamètre par 3,5 cm de hauteur

Mettez les kumquats dans une casserole, recouvrez-les d'eau froide et donnez un bouillon d'une minute. Rafraîchissez-les et renouvelez la même opération deux fois, puis égouttez-les. Dans la même casserole, mettez 60 cl d'eau, le sucre semoule et les kumquats, puis amenez à petite ébullition. Réduisez alors la source de chaleur, jusqu'à 80 à 90 °C. Laissez pocher pendant 30 à 45 minutes jusqu'à ce que les kumquats soient presque translucides et, une fois refroidis, réservez au réfrigérateur.

À l'aide d'un couteau à talon, concassez la couverture. Placez-la dans une terrine au bain-marie. Dès que la couverture a fondu, retirez du bain-marie.

Dans la génoise au chocolat, découpez une tranche de 5 mm d'épaisseur environ, au couteau-scie dans le sens de la hauteur. Disposez sur un fond de papier rigide et mettez le cercle à entremets autour de la tranche de génoise.

Dans la crème fouettée au ruban, versez la moitié de la couverture. Mélangez au fouet mais sans excès, puis ajoutez le reste. Mélangez en fouettant à peine, juste le temps que l'appareil soit homogène. Versez-le aussitôt dans le cercle, et, avec une palette, lissez le dessus de l'entremets. Réservez au réfrigérateur pendant au moins quatre heures.

Faites chauffer pendant quelques secondes le tour extérieur du cercle avec un chalumeau manuel à gaz, puis d'un léger mouvement de rotation, retirez le cercle vers le haut. Saupoudrez le dessus de l'entremets avec le cacao et servez en parts avec deux kumquats par invité.

Sauces

Les sauces émulsionnées (hollandaise et sabayon) sont passionnantes. Ce sont des sauces fines, délicates et aériennes. Elles ne demandent pas plus de 10 à 15 minutes de préparation et de cuisson. Elles accompagneront à merveille les poissons et les légumes. Quant à moi, je les mange même sur du pain... Attention toutefois, elles n'aiment pas attendre car elles perdront alors de leur légèreté. Il est préférable de les servir pas plus de 15 minutes après leur pochade. La mayonnaise est la clef du paradis gustatif. Elle vous permettra, avec une addition de fines herbes ciselées, d'œufs durs hachés, de coulis de tomates fraîches, de raifort râpé ou encore de chlorophylle (recette page 286) d'obtenir une explosion de saveurs en accompagnement de fruits de mer, poissons fumés, œufs pochés, œufs durs, etc. Pour finir, le jaune d'œuf sert à lier et enrichit au palais mes vinaigrettes suisse ou César, ainsi que les sauces blanches Mornay et écossaise. Quant au blanc d'œuf, il est indispensable pour clarifier les gelées, les fonds de volaille, les fumets de poisson qui souvent entreront dans la composition de sauces.

Sauce hollandaise

Pour : 700 g
Préparation : 20 min
Cuisson : 12 à 15 min

Cette sauce légère, onctueuse et délicate, est un grand classique qui a inspiré de nombreuses autres recettes.

1 cuil. à soupe de vinaigre de vin blanc
4 cuil. à soupe d'eau froide
1 cuil. à café de poivre blanc concassé
4 jaunes d'œufs
250 g de beurre fraîchement clarifié et tiède
sel
le jus d'un demi-citron

Dans une casserole, mélangez à feu doux le vinaigre, l'eau et le poivre. Faites réduire d'un tiers puis réservez au frais.

Une fois le liquide refroidi, incorporez les jaunes d'œufs et mélangez au fouet. Posez la casserole sur feu doux sur une source de chaleur indirecte et continuez à fouetter, en prenant soin de racler le fond de la casserole.

Augmentez graduellement la source de chaleur afin que l'émulsion soit progressive. La sauce aura une consistance onctueuse après 8 à 10 minutes et ne devra pas dépasser 65 °C.

Cette sauce n'aime pas attendre et doit être consommée rapidement. Elle peut toutefois patienter pendant un court laps de temps dans un endroit tiède, couverte.

Hors du feu, et toujours en fouettant, ajoutez en filet le beurre clarifié tiède, puis salez. Au dernier moment, ajoutez le jus de citron et servez aussitôt. Afin d'éliminer les grains de poivre concassés, on peut la passer au chinois étamine avant de la servir.

VARIANTE Vous pourrez ajouter, si vous le désirez, au dernier moment 50 g de beurre noisette. Vous obtiendrez alors une sauce noisette, encore plus délicate au goût et qui accompagnera à merveille un poisson.

Sauce hollandaise moutarde

Pour : 6 personnes **Préparation :** 5 minutes

30 g de moutarde forte de Dijon
7,5 cl de crème fraîche fouettée au ruban
1 dose de sauce hollandaise (recette page 278)
sel et poivre du moulin

Une sauce avec un peu de piquant qui renforce les saveurs du saumon sans le dominer. Elle est délicieuse également servie en hors-d'œuvre avec des courgettes cuites à la vapeur.

Mélangez la moutarde avec la crème fraîche fouettée au ruban.

Au moment de servir la sauce hollandaise, incorporez-y petit à petit et tout en fouettant la crème mélangée à la moutarde. Assaisonnez au goût en sel et poivre.

NOTE Je sers souvent cette sauce avec de belles tranches de saumon grillées, flanquées en saison de criste-marine (voir photo ci-contre).

Mayonnaise

Pour : 300 g **Préparation** : 5 minutes

2 jaunes d'œufs à température de la pièce
1 cuil. à soupe de moutarde forte de Dijon
sel et poivre du moulin
25 cl d'huile d'arachide à température de la pièce
2 cuil. à soupe de vinaigre de vin blanc ou de jus de citron

Placez un torchon de cuisine sur la surface de travail. Posez dessus le saladier. Mettez-y les jaunes d'œufs, la moutarde, du sel et du poivre et mélangez au fouet.

Versez lentement l'huile en filet tout en fouettant continuellement. Une fois toute l'huile incorporée, fouettez plus rapidement pendant 30 secondes.

Cette sauce classique est délicieuse avec les viandes, les poissons et les crustacés froids.

Ajoutez le vinaigre ou le jus de citron. Vérifiez et rectifiez si nécessaire l'assaisonnement en sel et poivre.

Mayonnaise à la crème Pour rendre la mayonnaise plus crémeuse, on peut y ajouter, après avoir incorporé le vinaigre ou le jus de citron, 2 cuillères à soupe de crème fraîche.

Mayonnaise allégée Les jaunes d'œufs peuvent être remplacés par des blancs d'œufs et on obtient ainsi, en suivant la recette ci-dessus, une mayonnaise aux blancs d'œufs moins riche et plus légère.

La sauce Bagnarotte Dans une terrine, mélangez une portion de mayonnaise (voir la recette page 282) à 3 cuillères à soupe de ketchup, 1 cuillère à café de sauce Worcestershire, 1 cuillère à soupe de cognac (facultatif), 2 cuillères à soupe de crème fraîche, 6 gouttes de tabasco, le jus d'un demi citron. Assaisonnez en sel et poivre, puis réservez au réfrigérateur jusqu'à emploi. Cette sauce rafraîchissante est délicieuse avec du crabe, des tomates bien mûres, du concombre et bien sûr avec des œufs pochés ou durs. Elle doit être servie très froide. Le cognac lui donne une note plus parfumée, mais il peut être omis si vous la souhaitez non alcoolisée.

Mayonnaise diététique Dans une terrine ou un saladier, mélangez au fouet 150 g de fromage blanc ou de fromage frais (à 0% de matière grasse), 1œuf, 1 cuillère à soupe de moutarde de Dijon, 1 cuillère à café de vinaigre de vin blanc et le jus d'un citron jusqu'à l'obtention d'une préparation homogène. Salez et poivrez au goût. On peut ajouter, au moment de la servir, un peu de ciboulette, de menthe fraîche, d'estragon ciselé ou quelques peluches de cerfeuil.

Note La mayonnaise peut se conserver quelques heures au frais, couverte d'une feuille de film alimentaire. Toutefois, il ne faut pas la servir dans une saucière en argent, afin d'éviter qu'elle ne s'oxyde rapidement.

Sauce verte

Pour : 6 personnes **Préparation :** 30 minutes **Temps de pochade :** 5 minutes approximativement pour la chlorophylle

1 dose de mayonnaise (recette page 282)
Sel et poivre du moulin

La chlorophylle
200 g d'épinards en branche, lavés et équeutés
10 g de cerfeuil, lavé et équeuté
20 g de persil, lavé et équeuté
10 g d'estragon, lavé et équeuté
10 g de ciboulette, lavé
10 g d'échalote, émincé
35 cl d'eau

Servez cette sauce verte avec une farandole de poissons et crustacés fumés, sur des croûtons de baguettes à peine grillés comme des tapas. La chlorophylle se conserve pendant plusieurs jours au réfrigérateur, recouverte d'un filet d'huile d'arachide.

Pour faire la chlorophylle, mettez dans un mixer ou un cutter tous les ingrédients cités ci-dessus. Commencez à mixer à petite vitesse pendant une minute puis à vitesse moyenne pendant 4 minutes.

Placez une mousseline légèrement tendue sur une casserole et maintenez-la avec un élastique. Versez le contenu du mixer dessus et laissez s'écouler doucement le liquide. Après 10 minutes, ramenez la mousseline sur elle-même en essorant afin de récupérer le plus de jus possible. Jetez la purée d'herbes et rincez la mousseline à l'eau froide.

Mettez le jus vert à chauffer à feu doux dans la casserole, en remuant doucement et régulièrement à la spatule. Retirez la casserole de la source de chaleur au premier frémissement. Placez la mousseline légèrement tendue sur une terrine et maintenez-la avec un élastique. Versez à la louche doucement et délicatement le jus vert sur la mousseline et laissez égoutter pendant une vingtaine de minutes. Récupérez la purée molette fine et délicate sur la surface de la mousseline à l'aide d'une spatule. Réservez « la chlorophylle » dans un ramequin.

Il suffira d'ajouter à la mayonnaise, en fouettant, une ou deux cuillerées de chlorophylle selon vos goûts.

Sabayon au Sauternes

Pour : 4 personnes **Préparation :** 15 à 20 minutes **Temps de pochade :** 12 à 15 minutes

10 cl de Sauternes ou de vin blanc doux
3 jaunes d'œufs
40 g de sucre semoule

1 thermomètre de cuisson

Fouettez sans arrêt pendant 8 à 10 minutes. Assurez-vous que la température de l'eau du bain-marie augmente constamment mais modérément.

Remplissez aux deux tiers d'eau tiède une casserole assez large pour contenir la base d'un bol en inox à fond bien arrondi, et chauffez à feu doux. Versez le Sauternes dans le bol, puis ajoutez les jaunes tout en remuant au fouet et enfin le sucre en pluie, toujours en fouettant.

VARIANTES Selon les goûts, on peut substituer au Sauternes un vin de Banyuls ou de Marsala. Il faudra dans ce cas augmenter la quantité de sucre de 50 %, et ajouter aux jaunes, dès le départ, 50 ml d'eau et 75 ml d'alcool blanc. J'aime servir ce sabayon au Sauternes à l'automne, avec des figues fraîches bien mûres et regorgeant de sucre, coupées en quartiers.

À ce stade, la texture du sabayon sera celle d'un ruban léger. Vérifiez alors la température au cœur du sabayon. Il est essentiel de ne pas cesser de fouetter jusqu'à ce que la température à cœur atteigne 55 °C. Éteignez alors la source de chaleur et continuez de fouetter.

Le sabayon doit alors avoir la consistance d'un ruban très épais tout en étant mousseux, onctueux et brillant. Retirez le bol en inox du bain-marie et servez le sabayon. Remplissez quatre verres à cocktail ou à bourgogne avec le sabayon, et servez immédiatement à vos invités, car il ne supporte pas d'attendre.

Sabayon au chocolat

Pour : 6 personnes **Préparation :** 15 minutes **Temps de pochade** 12 à 15 minutes

4 jaunes d'œufs
50 g de cacao amer en poudre
les zestes finement râpés d'une orange

Pour le sirop
150 g de sucre semoule
15 cl d'eau

Un thermomètre de cuisson

J'aime servir ce sabayon avec quelques petits choux (recette page 188) que je parsème chacun de deux ou trois amandes effilées. Je les place sur la surface du sabayon au moment de servir à table. Ils apportent une note visuelle agréable, mais sont également diablement bons avec ce sabayon au chocolat.

Pour faire le sirop, mettez l'eau avec le sucre dans une petite casserole, et faites chauffer. Dès l'ébullition, arrêtez la source de chaleur et réservez jusqu'à refroidissement complet.

Remplissez d'eau tiède aux deux tiers une casserole assez large pour contenir la base d'un bol en inox à fond bien arrondi et chauffez à feu doux. Versez le sirop dans le bol puis les jaunes et procédez selon la technique du sabayon au Sauternes page 288.

La température de pochade à cœur doit être amenée jusqu'à 65 °C pour que ce dernier soit prêt à servir. Retirez alors le bol du bain-marie puis tamisez en pluie petit à petit le cacao sur le sabayon, tout en fouettant délicatement pour que le sabayon absorbe le cacao de façon homogène.

Ajoutez les zestes râpés d'orange sans trop travailler, puis répartissez dans six verres à cocktail ou coupes à champagne et servez aussitôt.

Sabayon aux épinards et au cresson

Pour : 4 personnes **Préparation :** 15 minutes **Temps de pochade :** 12 à 15 minutes

100 g de petites feuilles d'épinards
50 g de feuilles de cresson
10 cl d'eau
sel et poivre du moulin
2 jaunes d'œufs
40 g de beurre coupé en petits cubes

1 thermomètre de cuisson

J'utilise ce sabayon dans ma recette d'œuf mollet en croustade sur fondant de courgettes (recette page 29). Je nappe très généreusement l'œuf et la croustade de ce sabayon onctueux.

Lavez à l'eau froide les épinards et les feuilles de cresson, puis égouttez-les. Mettez à chauffer 10 cl d'eau à laquelle on ajoute une pincée de sel. Dès l'ébullition, plongez-y les épinards et le cresson et laissez cuire une minute puis mettez le tout dans un mixer pendant une minute. Passez au chinois dans un petit bol, puis placez le fond du bol sur des glaçons afin de refroidir cet appareil rapidement.

Remplissez d'eau tiède aux deux tiers une casserole assez large pour contenir la base d'un bol en inox à fond bien arrondi et chauffez à feu doux. Versez l'appareil épinards/cresson dans le bol, puis ajoutez les deux jaunes d'œufs et procédez selon la technique du sabayon au Sauternes (recette page 288).

La température de pochade à cœur doit être amenée jusqu'à 70 °C pour que ce dernier soit prêt à servir. Retirez alors le bol du bain-marie puis incorporez les petits morceaux de beurre tout en fouettant. Assaisonnez au goût en sel et poivre et servez immédiatement.

NOTE Ce sabayon sera parfait servi avec du chou-fleur à l'anglaise, des brocolis, des pommes de terre cuites à l'eau ou encore mêlé à un plat de spaghettis parsemés de parmesan.

Sauce César

Pour : 4 personnes **Préparation :** 20 minutes

1 jaune d'œuf
1/4 cuil. à café de moutarde de Dijon
Le jus d'un quart de citron
1/4 de gousse d'ail écrasée
1 cuillerée à soupe d'essence d'anchois en bouteille
7,5 cl d'huile d'arachide
30 g de parmesan râpé
2,5 cl d'eau froide
poivre du moulin

Dans un bol, mettez le jaune, la moutarde, le jus de citron, la purée d'ail et travaillez au petit fouet jusqu'à l'obtention d'une homogénéité complète.

Toujours en remuant au fouet, ajoutez l'essence d'anchois, l'huile d'arachide en filet, le parmesan râpé et enfin l'eau froide afin de donner à la vinaigrette une consistance plus souple. Poivrez au goût.

Cette sauce est délicieuse dans la salade César.
L'œuf poché ajoute une dimension et une note que j'adore.
Il est essentiel pour l'apprécier pleinement que cette salade
soit servie très froide, sans être toutefois glacée.

Vinaigrette suisse

Pour : 6 personnes **Préparation :** 5 minutes

20 g d'échalote finement hachée
1 demi-gousse d'ail écrasée et hachée
1 pincée de sucre
1 jaune d'œuf
1 cuil. à café de Maggi liquide
2 cuil. à potage de crème double
6 cuil. à potage d'huile d'arachide
2 cuil. à potage de vinaigre de vin blanc
sel et poivre du moulin

Mettez tous les ingrédients dans une terrine, à l'exception du vinaigre et de l'huile. Mélangez au fouet pendant une à deux minutes, puis versez toujours en fouettant l'huile petit à petit et pour finir le vinaigre. Assaisonnez au goût en sel et poivre.

Cette vinaigrette onctueuse se marie parfaitement avec mes œufs de poule naine sur chairs de crabe et julienne de céleri-rave (recette page 32) et avec mes œufs mollets sur salade de roquette et copeaux de parmesan (recette page 28). Elle est également parfaite avec une salade romaine ou de la scarole.

Sauce écossaise

Pour : 4 à 16 personnes **Préparation :** 20 minutes **Cuisson :** 8 à 10 minutes

60 g de carotte coupée en brunoise
50 g de céleri branche coupé en brunoise
60 g de haricots verts coupés en brunoise
50 g d'oignon coupé en brunoise
50 g de beurre
1 dose de sauce béchamel (voir recette sauce Mornay page 299)
5 cl de crème fraîche double
1 jaune d'œuf
le jus d'un citron
sel et poivre du moulin

Cette sauce est parfaite pour accompagner mes œufs pochés sur pommes de terre violettes et effeuillé de haddock (recette page 51).

Faites blanchir les légumes à l'eau bouillante pendant une minute. Rafraîchissez à l'eau froide et égouttez bien.

Mettez le beurre à fondre dans une petite casserole, puis ajoutez la brunoise de légumes et cuire à l'étuvée à feu doux pendant 2 à 3 minutes.

Ajoutez la béchamel, donnez un petit bouillon de 2 à 3 minutes, puis ajoutez la crème fraîche mélangée au jaune d'œuf. Dès l'ébullition, versez le jus de citron puis arrêtez la cuisson. Assaisonnez au goût en sel et poivre.

NOTE Je me sers de cette sauce dans la composition d'un gratin d'œufs durs. Disposez des rondelles d'œufs durs dans un plat allant au four généreusement beurré, et nappez ces dernières d'une bonne couche de sauce écossaise. Il suffira de mettre ce gratin pendant quelques minutes dans un four à 180 °C. Un hors-d'œuvre simple, délicieux et peu onéreux.

Sauce Mornay

Pour : 4 à 6 personnes **Préparation :** 15 minutes **Cuisson :** 20 à 25 minutes

3 jaunes d'œufs
5 cl de crème double
100 g de gruyère, d'emmenthal ou de cheddar, finement et fraîchement râpé
sel et poivre blanc du moulin

Pour la béchamel
30 g de beurre
30 g de farine
50 cl de lait
1 pincée de noix de muscade
sel et poivre blanc du moulin

Pour faire la béchamel, mettez le beurre à fondre à feu doux dans une petite casserole. Ajoutez la farine, remuez au fouet et cuisez toujours à feu doux pendant deux à trois minutes pour le roux blanc. Versez alors le lait froid sur le roux. Mélangez au fouet et amenez à ébullition à feu moyen sans cesser de fouetter. Dès l'ébullition, réduisez la source de chaleur à un léger frémissement et laissez cuire pendant une dizaine de minutes, en remuant et raclant régulièrement le fond de la casserole à la spatule ou au fouet. Assaisonnez au goût en muscade, sel et poivre.

Mélangez les jaunes d'œufs à la crème, versez le mélange dans la béchamel, donnez un petit bouillon d'une minute toujours en fouettant et hors du feu, ajoutez le fromage en pluie. Assaisonnez en sel et poivre si besoin est.

Elle est délicieuse généreusement nappée sur des brocolis servis en hors-d'œuvre ou en légumes, parsemés d'un complément de fromage râpé. Je m'en sers aussi dans mes crêpes chaudes fourrées à l'émincé de volaille et de champignons (recette page 175) ainsi que dans mes œufs pochés Florentine (recette page 48). Elle est parfaite mélangée à des macaronis, elle transformera ce plat en un excellent gratin de pâtes.

Index

g

h

i

j

k

l

m

n

o

p

remerciements

Je voudrais vivement remercier les personnes suivantes, sans qui ce livre n'aurait pas pu voir le jour.

À mon fils Alain, qui m'a secondé avec ses idées tout au cours de longues journées et soirées en cuisine et au bureau…

À Chris Lelliott, mon premier sous-chef au Waterside Inn. Chris m'a assisté dans la préparation des plats photographiés avec une parfaite expertise.

À Martin Brigdale, qui a photographié les œufs sous toutes leurs formes avec magie, enthousiasme et une camaraderie qui donnent un résultat époustouflant.

À Mary Evans, qui obtient de moi exactement ce qu'elle demande ou recherche… c'est une star !

À Kate Whiteman, qui a traduit avec toujours autant d'expertise le manuscrit français en anglais. Elle me connaît un peu, beaucoup, « à la folie ».

À Janet Illsley, pour son calme productif au milieu de la mêlée de traducteur, auteur, photographe, directeur artistique, etc.

À Claude Grant, mon assistante, qui a pris de son temps là où elle n'en avait pas, pour taper et éditer mon manuscrit français : « l'exploit » !

À Robyn Roux, mon épouse, qui a supporté mes sautes d'humeur et vérifié la version anglaise de toutes mes recettes et textes d'introduction sans perdre sa patience.

Poids	
30 g	1 once
115 g	1/4 lb
150 g	1/3 lb
225 g	1/2 lb
340 g	3/4 lb
455 g	1 lb

Capacités	
1 ml	16 gouttes
5 ml	1 cuillère à thé
15 ml	1 cuillère à soupe
50 ml	1/4 de tasse
75 ml	1/3 de tasse
125 ml	1/2 tasse
150 ml	2/3 de tasse
175 ml	3/4 de tasse
200 ml	4/5 de tasse
250 ml	1 tasse
500 ml	2 tasses

Thermostats	
1	50 °C
2	100 °C
3	130 °C
4	150 °C
5	170 °C
6	200 °C
7	230 °C
8	260 °C
9	280 °C
10	290 °C